沙盘模拟对抗实训教程

主　编　郑洪文　郭广师
副主编　张小玲　吕　明

北京理工大学出版社
BEIJING INSTITUTE OF TECHNOLOGY PRESS

版权专有　侵权必究

图书在版编目(CIP)数据

沙盘模拟对抗实训教程/郑洪文,郭广师主编. —北京：北京理工大学出版社,2012.8(2021.12重印)
　ISBN 978-7-5640-6443-3

Ⅰ.①沙…　Ⅱ.①郑…②郭…　Ⅲ.①计算机应用-企业管理-高等学校-教材　Ⅳ.①F270.7

中国版本图书馆 CIP 数据核字(2012)第 179683 号

出版发行	/	北京理工大学出版社
社　　址	/	北京市海淀区中关村南大街 5 号
邮　　编	/	100081
电　　话	/	(010)68914775(办公室)　68944990(批销中心)　68911084(读者服务部)
网　　址	/	http://www.bitpress.com.cn
经　　销	/	全国各地新华书店
印　　刷	/	北京虎彩文化传播有限公司
开　　本	/	710 毫米×1000 毫米　1/16
印　　张	/	18.25
字　　数	/	340 千字
版　　次	/	2012 年 8 月第 1 版　2021 年 12 月第 11 次印刷
定　　价	/	39.80 元

责任编辑 / 申玉琴
责任校对 / 周瑞红
责任印制 / 王美丽

图书出现印装质量问题,本社负责调换

前　言

高等职业教育是我国高等教育的重要类型和职业教育体系的重要组成部分。30年来，我国的高等职业教育有了长足的发展；近10年来，我国的高等职业教育经历了跨越式的发展，从规模扩张逐步转向内涵建设。

高等职业教育的内涵建设是依托专业开展的，"专业是高等职业学校内涵建设的品牌和灵魂"，"课程建设与改革是提高教学质量的核心，也是教学改革的重点和难点"。根据《教育部关于全面提高高等职业教育教学质量的若干意见（教高〔2006〕16号）》的要求，要"改革教学方法和手段，融'教、学、做'为一体，强化学生能力的培养"，突出"教学过程的实践性、开放性和职业性"，强化"实验、实训、实习"三个关键环节，积极探索"任务驱动、项目导向"等有利于增强学生能力的教学模式。

沙盘模拟就是模仿一个真实的企业，把企业的组织机构、生产运营和管理展现在沙盘上，再现特定市场供求关系中的企业内部资源与外部环境。学生在教学中获得企业运营的直接感性认识，思考如何有效利用稀缺资源合理组织生产运营，以最低的成本费用获取最大的利润。通过小组合作与组间竞争开展教学，唤醒学生的团队意识，引导学生积极参与团队合作，提高学生的团队管理技能。

本书遵照工作过程系统化的理论指导，运用项目导向和任务驱动模式编写教材，方便教师采用"咨讯—计划—决策—实施—检查—评估"步骤组织教学。

本书由日照职业技术学院郑洪文、山东外国语职业学院郭广师任主编，由日照职业技术学院张小玲、安顺职业技术学院吕明任副主编。编写教师自2009年开始多次参加用友公司、金蝶公司和中教畅享组织的全国性沙盘模拟赛事，积累了丰富的教学和赛事经验。作为国家示范性高等职业院校，日照职业技术学院积极学习高等职业教育理论，致力推进教学改革，提高改革成效，注重成果应用，加强校际交流，扩大受益群体，充分发挥了示范引领作用。

本书主要针对高职高专的创业与经营类课程的教学实训使用。由于时间仓促，编者水平有限，部分观点和方法运用难免错误，诚恳希望各位读者与从事相关工作的专家、学者提出宝贵意见。

编　者

目　录

项目 1　认识沙盘 ·· (001)
　　任务 1-1　了解沙盘 ··· (002)
　　任务 1-2　了解沙盘教学规程 ·· (005)

项目 2　准备对抗 ·· (009)
　　任务 2-1　学习沙盘模拟对抗规则 ······································ (010)
　　任务 2-2　按组建立模拟经营企业 ······································ (024)
　　任务 2-3　设定模拟对抗初始状态 ······································ (030)
　　任务 2-4　分析模拟对抗市场需求 ······································ (037)
　　任务 2-5　学习模拟对抗运行操盘 ······································ (058)
　　任务 2-6　搜集竞争对手运营信息 ······································ (068)
　　任务 2-7　分析模拟公司运营状况 ······································ (076)

项目 3　对抗训练 ·· (084)
　　任务 3-1　梳理运营任务 ·· (085)
　　任务 3-2　第 1 年运营对抗训练 ··· (101)
　　任务 3-3　第 2 年运营对抗训练 ··· (113)
　　任务 3-4　第 3 年运营对抗训练 ··· (124)
　　任务 3-5　第 4 年运营对抗训练 ··· (136)
　　任务 3-6　第 5 年运营对抗训练 ··· (149)
　　任务 3-7　第 6 年运营对抗训练 ··· (164)

项目 4　训练总结 ·· (177)
　　任务 4-1　总结团队管理的体验 ··· (178)
　　任务 4-2　总结沙盘运行过程的经验教训 ··························· (188)
　　任务 4-3　研讨企业运营的瓶颈 ··· (198)

任务4-4　分析辅助决策工具的意义 …………………………………… (209)
　　任务4-5　编写训练总结报告 ……………………………………………… (221)

项目5　竞技一瞥 ……………………………………………………………… (231)
　　任务5-1　了解"用友杯"全国大学生沙盘模拟大赛 ………………… (232)
　　任务5-2　了解"金蝶杯"全国大学生沙盘模拟大赛 ………………… (251)
　　任务5-3　了解沙盘模拟的其他赛事 …………………………………… (275)

参考文献 ……………………………………………………………………………… (284)

项目 1
认识沙盘

能力目标
1. 能运用流畅的语言说明沙盘的发展。
2. 能运用流畅的语言说明沙盘的分类。
3. 能运用流畅的语言说明经营创业沙盘的要素。

知识目标
1. 了解沙盘的基本知识和发展历程。
2. 理解经营创业沙盘的要素及关系。
3. 理解经营创业沙盘教学的教学模式。
4. 掌握经营创业沙盘教学的考核模式。

项目分解

任务编号	任务名称	建议课时	教学准备
1-1	了解沙盘	0.5	沙盘教具
1-2	了解沙盘教学规程	0.5	教学分组表

任务 1-1 了解沙盘

【咨讯】

1. 沙盘的起源与发展

沙盘是根据地形图、航空相片或实地地形，按一定的比例关系，用泥沙、兵棋和其他材料堆制的模型。

据说，秦在部署灭六国时，秦始皇亲自堆制军事沙盘研究各国地理形势，在李斯的辅佐下，派大将王翦进行统一战争。后来，秦始皇在修建陵墓时，在自己的陵墓中堆建了一个大型的地形模型。模型中不仅砌有高山、丘陵、城池等，而且还用水银模拟江河、大海，用机械装置使水银流动循环，可以说，这是最早的沙盘雏形，至今已有 2 200 多年历史。

中国南朝宋范晔撰《后汉书·马援传》已有记载：汉建武八年（公元 32 年）光武帝征伐天水、武都一带地方豪强隗嚣时，大将马援"聚米为山谷，指画形势"，使光武帝顿有"虏在吾目中矣"的感觉，这就是最早的沙盘作业。

1811 年，普鲁士国王菲特烈·威廉三世的文职军事顾问冯·莱斯维茨，用胶泥制作了一个精巧的战场模型，用颜色把道路、河流、村庄和树林表示出来，用小瓷块代表军队和武器，陈列在波茨坦皇宫里，用来进行军事游戏。后来，莱斯维茨的儿子利用沙盘、地图表示地形地貌，以算时器表示军队和武器的配置情况，按照实战方式进行策略谋划。这种"战争博弈"就是现代沙盘作业。

19 世纪末和 20 年代初，沙盘主要用于军事训练，第一次世界大战后，才在实际中得到广泛运用。随着电子计算技术的发展，出现了模拟战场情况的新技术，为研究作战指挥提供了新的手段。

由于其生动直观的特点，沙盘很快从军事领域转向教学实践，哈佛大学等美国著名高等学府纷纷开设沙盘模拟课程，世界各国积极效法，沙盘教学最终发展成为风靡世界的行动教学模式之一。信息技术的广泛应用为沙盘带来了巨大的冲击，产生了种类繁多的沙盘类游戏软件，比如红色警戒、大富豪和 QQ 偷菜等。在教学领域，北京用友股份有限公司和金蝶国际集团是国内财务领域率先推出沙盘模拟物理教具和计算机软件的公司，经过多年的发展，开发出了经营沙盘、创业沙盘、分销零售沙盘、物流沙盘和供应链沙盘等多种产品，在全国范围内举办大学生沙盘模拟大赛，产生了广泛而深远的影响；中教畅享（北京）科技有限公司也组织了全国性的大学生沙盘模拟大赛，具有广泛的影响。

2. 沙盘的分类

（1）物理沙盘与电子沙盘

按照沙盘的载体形式不同分为物理沙盘和电子沙盘。

物理沙盘是运用各种替代标志在模拟盘面上推演的工具，其典型特点是生动直观，便于理解。因其与象棋、军棋非常地类似，有时又称棋类沙盘。物理沙盘在操作上具有很大的灵活性，在实际推演过程中很难进行精确监控。

电子沙盘是运用软件技术在计算机上实现推演的工具，其典型特点是相对抽象，但是在推演过程中具有很强的规范性，便于实现精确的整体控制。从这个意义上讲，游戏软件具有电子沙盘的典型特征。电子沙盘运用了信息技术手段，特别是随着三维技术的广泛应用，电子沙盘的直观性和形象性越来越明显，代表了沙盘的发展方向。

（2）军事沙盘、建筑沙盘与教学沙盘

按照沙盘的用途不同可分为军事沙盘、建筑沙盘和教学沙盘等。

军事沙盘是最早出现的沙盘形式，其主要目的是为军事作战提供仿真环境，以方便军事指挥员推演战场态势，制定和优化作战策略。在军事题材的电影、电视作品中，我们常常看到指挥员们站在一个地形模型前研究作战方案。这种根据地形图、航空相片或实地地形，按一定的比例关系，用泥沙、兵棋和其他材料堆制的模型就是军事沙盘。军事沙盘能形象地显示作战地区的地形，表示敌我阵地组成、兵力部署和兵器配置等情况。军事指挥员常用以研究地形、敌情、作战方案，组织协同动作，实施战术演练，研究战例和总结作战经验等。

建筑沙盘是应用最广泛的沙盘形式，主要用于建筑施工和项目展示，方便向他人介绍项目整体规划和建设效果，提供感性和直接认知，增进对项目的了解。

教学沙盘是在教学过程中运营的沙盘形式，主要用于建筑施工、生产经营、销售服务和物流管理等专业的课程教学过程中，以使学生获得直观感受，促进学生进一步形成对专业知识的理性认知，提高专业技能运用水平。对经济管理类专业学生而言，又分为经营沙盘和创业沙盘。一般地，经营沙盘模拟的是一家运营情况良好的企业，运营开始时拥有特定的资金、生产设施、产品系列和销售体系；创业沙盘模拟的是一家从零开始的企业，只有初始资金。创业沙盘比经营沙盘增加了创业规划，对学生的训练更加全面，难度也更高。

3. 教学沙盘的构成

教学沙盘是一组为配合课程教学开发的特定用途的教具。从经济管理领域来说，经营创业沙盘包括了企业要素、市场要素和规则要素三大部分。

企业要素体现为资产形态。企业的资产包括固定资产（包括厂房（或车间）和设备等）和流动资产（包括资金、产品、中间件和原料等）两大部分。从来源上看，资产是有债权人和所有权人共同投入的，其中债权人投入体现为企业的负债，在沙盘教学过程中运用一组特定的教具体现出来，而所有权人投入的体现为企业的所有者权益，在沙盘教学过程中一般不使用特定的教具体现。股本是企业所有者初始投入和后续转为股本的投入资金，留存收益是所有者历年获得的利润（包括亏损）累积中除转为股本和利润流出企业之外的后续投入资金。

市场要素就是供求关系。供求关系是指企业在市场生存面临的采购、生产和销售过程中上下游之间的供应和需求关系。供求关系是企业生存和发展必须要考虑的根本问题。需要特别说明的是，供求关系不仅存在于企业与企业之间，也广泛存在于企业内部的部门之间；供求关系不仅仅存在于生产资料使用上，也存在于资金的使用中，还存在于人才、科技和信息的运用里。总之，供求关系是市场经济中最普遍的关系。

规则要素是沙盘模拟中生产要素与生产要素、生产要素与市场要素之间相互关系的纽带，是模拟企业在采购、生产、物流、库存、研发、认证、竞单、销售、融资和回款等生产运营过程中必须遵守的约定做法。规则是生产过程中普遍存在的，也是日常生活中常见的运动法则，比如中国象棋中讲的"马走日、象走田"，机动车驾驶的"红灯停、绿灯行"，这些都是最常见的具体规则的表现形式，常见的规则还包括法律法规、合同条款、买卖关系、球赛得分和球场犯规等。经营创业沙盘实际上是一组由不同运营环节规则组成的规则集合，当规则发生变化时，沙盘教学随之发生变化，从这个意义上说，规则要素是沙盘模拟教学的核心要素。

【计划】

根据任务 1-1 的要求，仔细阅读上述材料，选择阅读方式、阅读时间、阅读次数和检查方式，以便熟练掌握沙盘基本知识和沙盘教学的构成要素。

【决策】

阅读方式：_____

阅读时间：_____

阅读次数：_____

检查方式：_____

其他事项：_____

【实施】

根据计划，在给定的_____（分钟）时间内，按照既定的阅读方式对上述材料进行了反复阅读，基本上掌握了沙盘的基础知识和沙盘教学的构成要素。

【检查】

沙盘最初的用途是_____，后来转向_____。国内著名的沙盘供应商有_____、_____和_____。按照沙盘的载体形式不同分为_____和_____。按照沙盘的用途不同可分为_____和_____。

经营创业沙盘包括了_____、_____和_____三大要素。_____要素是在沙盘的盘面上具有直观的体现，因此可以通过沙盘盘面制作三大财务报表中的_____；_____要素是经营管理者必须考虑的根本问题，突出表现在_____、_____和_____的使用过程中；_____要素是沙盘教学的核心要素。

【评估】

上述 22 个题目，在没有查阅材料的前提下，正确填写了_____个，正确比例为_____%。

任务1-2 了解沙盘教学规程

【咨讯】

1. 组织筹备

（1）课程教具

课程教具包括标准沙盘教学教具和课程运行材料。就经管类专业的经营创业沙盘教学而言，应具备用友创业沙盘、金蝶创业沙盘或中教畅享沙盘的物理教具和电子沙盘。

（2）教学场所

沙盘教学建议使用专用实训室。沙盘教具配备齐全，教学设施齐备。就经管类专业的经营创业沙盘教学而言，除应具备标准沙盘教具外，在条件允许的情况下可以配置发言席、无线话筒、多媒体、座次牌、身份角色卡、计算机和其他必要的文具。

（3）师资配置

沙盘模拟课程教师应具备相关的专业学科知识和实际操盘技能，能够为学生提供教学指导。就经管类专业的经营创业沙盘教学而言，教师应熟悉沙盘运营规则，具备经济学、会计、财务管理、市场营销、统计、税法、经济法、管理学和计算机等相关知识，掌握物理沙盘的操盘，能够分析运营中的主要问题，调动学生参与教学体验的积极性，引导学生提升团队管理与合作。

2. 教学安排

（1）课时安排

沙盘教学应该按照课程教学需要合理分配课时。就经管类专业的经营创业沙盘而言，建议安排1周（30学时）物理沙盘教学，增加学生对沙盘和企业运营的感性认知，特别是增加对资金流入企业、资金在企业中应用和资金流出企业的整个过程的感性认知，帮助学生建立企业资金运动的整体模型，树立资金是企业血液的概念意识，随后安排1周（30学时）的电子沙盘对抗，加深市场竞争、团队合作、战略规划和工具运用的感性认识，提高对企业运营的整体掌控能力。

（2）教学进程

沙盘教学应该按照课程教学需要合理安排教学进程。就经管类专业的经营创业沙盘而言，教学的进程可参考表1-2-1。

表 1-2-1　经营创业沙盘模拟教学进程安排

时 间	教学主题	备 注
第 1 天	物理沙盘规则学习：新手上路	经营沙盘
第 2 天	导入年模拟企业运营：小马过河	经营沙盘
第 3 天	第 1~2 年正式实战运营：规则掌控、环境分析	经营沙盘
第 4 天	第 3~4 年正式实战运营：资本运营、全面预算	经营沙盘
第 5 天	第 5~6 年正式实战运营：战略规划、信息集成、竞争优势	经营沙盘
第 8 天	电子沙盘运营操盘：雄鹰展翅	创业沙盘
第 9 天	第 1 轮电子沙盘对抗训练：壮志凌云	创业沙盘
第 10 天	第 2 轮电子沙盘对抗训练：愈挫愈勇	创业沙盘
第 11 天	第 3 轮电子沙盘对抗训练：牛刀小试	创业沙盘
第 12 天	第 4 轮电子沙盘对抗训练：争霸天下	创业沙盘

(3) 教学模式

沙盘教学应该按照课程教学需要合理选用教学模式。就经管类专业的经营创业沙盘而言，建议采取行动教学模式。教师可以根据学生人数进行分组，引导学生通过组内合作和组间竞争方式开展教学。教学过程中，教师首先引导学生根据自愿原则或者就近原则划分小组；小组内部产生一名临时负责人，组织小组参与教学活动，直至建立模拟公司、完成角色分配为止；组建模拟公司、角色分配完成后，由模拟公司负责人负责组织小组参与教学。整个教学过程中，教师应始终担当引导者的角色，保证学生在课堂教学中的主体地位。

3. 考核方式

(1) 考核点设定

沙盘教学应该按照课程教学需要合理安排考核模式。就经管类专业的创业沙盘而言，学生的体验是最重要的。从体验的角度而言，建议一方面以所有者权益为基本观测点，根据所有者权益的变化情况进行量化考核，另一方面，以学生参与为考核点，根据学生参与课堂的发言、提问、讨论情况等进行量化考核。

(2) 课程总结

沙盘教学应该按照课程教学需要合理安排课程总结。就经管类专业的创业沙盘而言，建议撰写课程报告对课程学习情况进行总结，课程报告应该包括企业运营情况回顾、团队合作情况和运营中的经验教训，必要的时候可以对课程报告的撰写体例进行规范。

【计划】

根据任务 1-2 的要求，仔细阅读上述材料，选择阅读方式、阅读时间、阅读次数和检查方式，以便熟练掌握沙盘教学规程；选择一定的原则，组织课程学习小组，推选小组临时负责人。

【决策】

阅读方式：_____

阅读时间：_____

阅读次数：_____

检查方式：_____

其他事项：_____

加入课程小组的原则：_____

小组成员：_____

课程小组临时负责人：_____

【实施】

根据计划，在给定的_____（分钟）时间内，按照既定的阅读方式对上述材料进行了反复阅读，基本上掌握了沙盘教学规程。

【检查】

经营创业类沙盘教学中，教师的主要作用是_____，物理沙盘的主要用途是_____，因此_____是最重要的。

体现在考核上，一方面是针对专业技能的考核，具体表现在对_____的观测和量化考核上，另一方面是对学习态度的考核，具体表现在对_____的观测和量化考核上。相比之下，对_____的考核更加重要。

【评估】

上述6个题目，在没有查阅材料的前提下，正确填写了_____个，正确比例为_____%。

我们小组一共有_____人，我参加这个小组的原则是_____。我推选临时负责人的准则（标准）是_____，我们选择的临时负责人是_____，我们认为他（她）具有_____等特点，能够负责起组织本组成员参与教学的职责。

参考答案

任务1-1

【检查】

沙盘最初的用途是<u>军事</u>，后来转向<u>教学</u>。国内著名的沙盘供应商有<u>北京用友软件股份有限公司</u>、<u>金蝶国际集团</u>和<u>中教畅享（北京）科技有限公司</u>。按照沙盘的载体形式不同分为<u>物理沙盘</u>和<u>电子沙盘</u>。按照沙盘的用途不同可分为<u>军事沙盘</u>、建筑沙盘和教学沙盘。

经营创业沙盘包括了<u>企业要素</u>、<u>市场要素</u>和<u>规则要素</u>三大类要素。<u>企业要素</u>是在沙盘的盘面上具有直观的体现，因此可以通过沙盘盘面制作三大财务报表中的<u>资产负债表</u>；<u>市场要素</u>是经营管理者必须考虑的根本问题，突出表现在<u>生产资</u>

料、资金、人才、科技和信息的使用过程中；规则要素是沙盘教学的核心要素。

任务 1-2

【检查】

经营创业类沙盘教学中，教师的主要作用是引导和辅导，物理沙盘的主要用途是帮助学生获得企业经营的感性认识，因此学生的体验是最重要的。

体现在考核上，一方面是针对专业技能的考核，具体表现在对所有者权益的观测和量化考核上，另一方面是对学习态度的考核，具体表现在对学生参与教学的观测和量化考核上；相比之下，对学生参与教学的考核更加重要。

项目 2
准备对抗

能力目标

1. 能运用流畅的语言说明沙盘对抗的主要规则。
2. 能根据给定的信息做出市场分析与定位。
3. 能根据给定的信息完成盘面设置与检查。
4. 能完整地记录沙盘模拟运行过程。
5. 能计算主要财务分析指标。

知识目标

1. 了解企业运营相关知识和沙盘教具。
2. 理解财务、管理、营销、生产和信息在运营中的作用。
3. 掌握沙盘操作规程、市场需求分析思路和财务分析指标的计算。

项目分解

任务编号	任务名称	建议课时	教学准备
2-1	学习沙盘模拟对抗规则	2	生产运营管理
2-2	按组建立模拟经营企业	1	公司成立流程
2-3	设定模拟对抗初始状态	1	标准沙盘教具
2-4	分析模拟对抗市场需求	2	产品生命周期
2-5	学习模拟对抗运行操盘	1	沙盘操作规程
2-6	搜集竞争对手运营信息	1	情报信息收集
2-7	分析模拟公司运营状况	1	财务报表分析

任务 2-1　学习沙盘模拟对抗规则

【咨讯】

企业经营管理沙盘运营规则

1. 企业运营流程

企业运营须按照流程严格执行。CEO 按照任务清单中指示的顺序发布执行指令。每项任务完成后，CEO 须在任务项目对应的方格中打钩（"√"）；决策由 CEO 根据团体决策结果督促本组成员共同执行并填写决策清单（请参考项目3）。

2. 市场开发（表2-1-1）

表 2-1-1　市场开发

市场	每年投资额	投资周期/年	全部投资总额	操作说明
本地	无			直接获得准入证
区域	1M	1	1M	将投资放在准入证的位置处；当完成全部投资后，经核准，统一换取相应的市场准入证
国内	1M	2	2M	
国际	1M	4	4M	

规则说明：每个市场开发每年最多投入 1M，允许中断或终止，不允许超前投资。投资完成时将换取的准入证放在盘面的相应位置处，只有拿到准入证才能参加相应市场的订货会。市场开发只能在每年年末投入。

3. 产品研发和生产

（1）产品研发

要想生产某种产品，先要获得该产品的生产许可证。而要获得生产许可证，则必须经过产品研发。P1 产品已经有生产许可证，可以在本地市场进行销售。P2、P3、P4 产品都需要研发后才能获得生产许可。研发需要分期投入研发费用（表2-1-2）。

表 2-1-2　产品研发投资

产品	每季投资额	研发总投资额	最小投资周期	操作说明
P2	1M	4M	4Q	每季度按照投资额将现金放在生产资格位置；当投资完成后，携带所有投资的现金换取生产许可证；只有获得生产许可证后才能开工生产该产品
P3	1M	6M	6Q	
P4	2M	12M	6Q	

规则说明：产品研发可以中断或终止，但不允许超前或集中投入。已投资的研发费不能回收。产品研发过程中，不能生产该产品。

（2）产品生产物料清单（BOM）（表2-1-3）

表2-1-3 产品生产物料清单

产品	原材料	原料价值	加工费	直接生产成本
P1	R1	1M	1M	2M
P2	R1 + R2	2M	1M	3M
P3	2R2 + R3	3M	1M	4M
P4	R2 + R3 + 2R4	4M	1M	5M

（3）材料采购

采购原材料需经过下原料订单和采购入库两个步骤，这两个步骤之间的时间差称为订单提前期，各种原材料订单提前期如表2-1-4所示。

表2-1-4 各种原材料订单提前期

原材料	单位价值	订单提前期	原材料	单位价值	订单提前期
R1	1M	1Q	R3	1M	2Q
R2	1M	1Q	R4	1M	2Q

规则说明：

① 没有下订单的原材料不能采购入库；所有下订单的原材料到期必须采购入库；原材料入库时必须到交易处支付现金购买已到期的原材料；下原料采购订单时必须填写采购订单登记表，然后携带运行记录和采购订单登记表到交易处登记。

② 采购订单的表示：用一只空桶放在原料订单处表示下原料的采购订单，用纸片书写采购数量放置在空桶内。

4. ISO认证（表2-1-5）

表2-1-5 ISO认证投资表

认证类型	每年投资金额	完成认证投资	最小投资周期/年	操作说明
ISO9000	1M	2M	2	每年年末按照投资额将投资放在ISO证书位置；当投资完成后，携带所有投资换取ISO资格证；只有获得ISO资格证后才能在市场中投入ISO广告
ISO14000	1M	3M	3	

规则说明：ISO认证每年最多投资一次，每次1M，认证投资可以中断，但不允许集中或超前投资。认证投资完成后，该企业生产的任何产品都获得同等认

证资格。ISO 认证只能在每年年末投入,其他时间不予受理。

5. 生产线

各种生产线的相关参数如表 2-1-6 所示。

表 2-1-6 生产线相关参数表

生产线	购置费用	安装周期	生产周期	转产费用	转产周期	维修费用	残值
手工线	5M	无	3Q	无	无	1M/年	1M
半自动	8M	2Q	2Q	1M	1Q	1M/年	2M
自动线	15M	3Q	1Q	1M	1Q	1M/年	3M
柔性线	20M	4Q	1Q	无	无	1M/年	4M

规则说明:

(1) 购买生产线

购买生产线必须按安装周期投资安装,如自动线安装可参考表 2-1-7。

表 2-1-7 自动线安装表

操作	投资额	操作说明
1 季度	5M	启动 1 期安装:领取生产线标志牌,翻扣在生产线处,用空桶取 5M 现金,置于生产线标志牌上面
2 季度	5M	完成 1 期安装,启动 2 期安装:取 5M 现金放在生产线标志上的空桶内
3 季度	5M	完成 2 期安装,启动 3 期安装:取 5M 现金放在生产线标志上的空桶内
4 季度		完成 3 期安装,生产线建成:将空桶置于设备价值处,使生产线标志牌正面向上,领取并在生产线对应位置放置产品标志牌

投资生产线的费用不一定需要连续支付,可以在投资过程中中断投资,也可以在中断投资之后的任何季度继续投资,但必须按照上表的投资原则进行操作。

注意:一条生产线待最后一期投资到位后,下一季度才算且必须算安装完成,安装完成的生产线当季可以投入使用;生产线安装完成后,必须将投资额放在设备价值处;各组之间不允许相互购买生产线,只允许向教师购买;生产线一经开始投资,不允许搬迁移动(包括在同一厂房内的生产线)。

(2) 生产线维护

生产线安装完成的当年(不论是否开工生产)和正在进行转产的生产线都必须交纳维护费。已出售的生产线和正在安装过程中的生产线不交纳维护费。

(3) 生产线折旧

每条生产线单独计提折旧,分四年折旧完,当年新建成的生产线不提折旧。完成规定年份的折旧后,生产线可以继续使用,但不用提取折旧。生产线剩余的残值可以保留,直到该生产线变卖为止。

各种生产线每年折旧额的计算如表 2-1-8 所示。

表 2-1-8　生产线折旧额计算表

生产线	购置费用	残值	折旧额				
			建成当年	第1年	第2年	第3年	第4年
手工线	5M	1M	0	1M	1M	1M	1M
半自动	10M	2M	0	2M	2M	2M	2M
自动线	15M	3M	0	3M	3M	3M	3M
柔性线	20M	4M	0	4M	4M	4M	4M

（4）生产线变卖

生产线变卖时，将变卖的生产线的残值放入现金区，如果还有剩余的价值（即没有提完折旧），将剩余价值放入"其他"费用，并将生产线交还给供应商。

6. 厂房

（1）厂房购买

购买厂房只能在每年年末规定的时间（参见运作记录表）进行，购买时只需要将等值现金放到厂房价值位置即可。如果厂房中有生产线，购买厂房即可不支付当年的厂房租金，即到缴纳厂房租金的操作时，在购买厂房与缴纳租金中，只选择一种操作即可。

（2）厂房租赁

厂房租赁为经营租赁。对于租赁的厂房，是否支付厂房租金的判定条件是：当运行到"支付租金"任务项时，如果厂房中有生产线，则不管什么时间投资的，也不管厂房是否是当年出售的，都需要支付租金。如果当年使用过厂房（其中有过生产线），但到最后一个季度将生产线出售了，也就是说运行到"支付租金"项目时，厂房中已经没有生产线了，这种情况不需要缴纳租金。已购买的厂房不需要缴纳租金。大厂房年租金5M，小厂房年租金3M。

（3）厂房变卖/贴现

只要自有厂房内没有生产线，厂房可以在运行的每个季度中规定的时间进行变卖。变卖时，需要CFO携带运行记录本、"应收账款登记表"，按照厂房残值到交易处进行交易。经核准运作时间后，由交易处收回厂房，发放4Q的应收账款。

7. 行政管理费用

企业每年度行政管理费用为1M。

8. 企业融资

企业间不允许私自融资，在经营期间，只允许向银行贷款或者贴现。

企业融资方式及相关问题如表 2-1-9 所示。

表 2-1-9　企业融资方式

类型	总额度	年利率/%	归还方式
长期贷款	上年所有者权益的三倍	10	每年年初申请新贷款，年末付息，到期还本
短期贷款		5	每季度初申请新贷款，利随本清
贴现	一期、二期应收账款贴现率10%，三期、四期应收账款贴现率12.5%		

规则说明：

（1）长期和短期贷款信用额度

长、短期贷款的额度综合为上年权益的3倍。短期贷款必须按20M的倍数申请。如果权益为11M～19M，只能按10的2倍申请短期贷款，如果上年权益低于10 M，将不能获得短期贷款（只能获得长期贷款）。长期贷款最低的申请额为10M，最低的受信权益为5M，上年权益低于5M的公司，不能申请任何（长期和短期）贷款。

（2）长、短期贷款的时间

长期贷款每年年末只有一次；短期贷款每年为四次，分别为每季度初。

（3）贷款规则

① 长期贷款每年必须归还利息，到期还本，本利双清后，如果还有贷款额度，才允许重新申请贷款。即如果有贷款需要归还，同时还拥有贷款额度时，必须先归还到期的全部长期贷款，才能申请新贷款。不能以新长贷还旧长贷（续贷），短期贷款也按本规定执行。

② 结束年时，不要求归还没有到期的长、短期贷款。

③ 长期贷款最多可贷5年。

（4）贴现规则

若提前使用应收款，可按10∶1或8∶1提取贴现费用，10∶1指的是从应收账款中取10M或10的整数倍的应收账款时，9M或9的整数倍应收账款放入现金，其余为贴现费用。只要有足够的应收账款，可以随时贴现（包括次年支付广告费时，使用应收贴现）。

9. 市场竞单与交货

（1）市场预测

市场预测是各公司可以信任的产品需求数据，权威预测机构曾给出的各市场未来的需求预测数据图。对于该机构给出的各年份各类型产品预计总需求量数据，各公司可以根据市场预测进行分析和安排经营。

（2）广告费

投入广告费有两个作用：一是获得拿取订单的机会；二是判断选单顺序。

广告分为产品广告和认证广告，产品广告与认证广告要按照单个产品类别和单个认证种类分别投放。投入1M产品广告费，可以获得一次拿取订单的机会（如果不投产品广告没有选单机会），一次机会允许取得一张订单。如果要获得更多的拿单机会，每增加一个机会需要多投入2M产品广告。如果要获取有ISO要求的订单，必须获得ISO认证资格证书，并且在当年的广告费中投入ISO认证的广告费，每个市场相关的认证广告费用为1M。

（3）选单流程

各公司将广告费按市场、产品填写在广告登记表中；订货会依照本地、区域、国内、亚洲和国际市场的顺序依次召开，在每个市场中依照 P1、P2、P3 和 P4 的顺序，依次选单。对于已经结束选单的市场或产品，同一年份中，不允许再进行选单。根据产品广告确定公司对订单的需求量。选单顺序依据以下原则确定：

① 由上年本市场销售（所有产品订单销售额总和）排名第一的市场老大优先选单。

② 按某市场、某一产品上投放的广告费的多少，排定本产品的选单顺序。

③ 如果在同一市场、同一个产品投入的广告费用相同时，按照投入本市场的广告费总额（包括 ISO 认证的广告），排定选单顺序。

④ 如果该市场广告投入总量也一样时，按照上年在该市场各产品订单总额的排名次序，排定选单顺序。

⑤ 如果以上情况仍不能确定选单顺序时，由双方协商或抽签确定。

按选单顺序分轮次进行选单，有资格的公司在各轮中只能选择一张订单。第一轮选单完成后，若还有订单，仍有资格的公司可按选单顺序进入下一轮选单。

注：选择订单时，可以根据能力放弃选择订单的权利，当某一轮放弃了选单后，视为本轮退出本产品的选单，即在本轮中，不得再次选单，对于放弃的机会可以在本市场下一轮选单中使用。当一个组某次选定了订单之后，在下一个选订单者选定了订单的情况下，不允许其更改已作的选择。

（4）关于订单违约问题

所有订单要求在本年度完成（按订单上的产品数量整单交货）。如果订单没有完成，按下列条款加以处罚：

① 所有订单，在本年度最后关账前缴纳违约罚款，并收回订单，罚款按订单销售总额的 20%（即销售总额 ×0.2 后向下取整）计算违约金。

② 有违约表现（包括加急订单违约但当年交单）的参赛队，当年的市场地位均下降一级，如果市场老大违约，则本市场没有市场老大。

（5）产品订单

订单是一组标注了市场、产品品种、产品数量、单价、订单价值总额、账期、特殊要求等要素的卡片教具。订单类型、交货要求及取得订单的资格列于表 2-1-10。

表 2-1-10　产品订单类型

订单类型	交货时间	获得订单资格要求
普通订单	规定的交货时间	任何小组
加急订单	本年度第 1 季度	任何小组
ISO9000 订单	规定的交货时间	具有 ISO9000 认证资格，并在订单所在市场中当年支付 1M ISO9000 广告费用的小组
ISO14000 订单	规定的交货时间	具有 ISO14000 认证资格，并在订单所在市场中当年支付 1M ISO14000 广告费用的小组

10. 所得税

公司所得税率为25%。所得税按照计算数字向下取整（百万）金额缴纳。

11. 运行记录

各组必须同步顺序记录运行任务，即当执行完规定的任务后，每个成员都要在任务清单完成框中打钩或记录与自己岗位相关的生产要素变化数据。当进行贷款、原材料订单、原材料采购、应收账款到期、交货、贴现等业务时，必须携带运行手册和相关的登记表，到交易处进行业务处理。

12. 破产规则

经营过程中若资金链断裂或年度资不抵债则视为破产，破产公司所有资产不得转让。

【计划】

请各小组根据任务2-1的要求，由小组负责人组织学习和讨论沙盘模拟运营的基本规则，明确时间安排和注意事项。

【决策】

经过小组商议，就沙盘模拟规则学习事宜作如下研讨安排（表2-1-11）。

表2-1-11　沙盘模拟规则研讨安排

讨论议题	学习沙盘模拟规则
主持人	
讨论时间	
讨论地点	
讨论流程	
发言要求	
记录员	
决议方式	
决议宣读人	
记录要求	
其他	

【实施】

小组讨论记录见表2-1-12。

表2-1-12 _____小组讨论记录

讨论议题	学习沙盘模拟规则
主持人	
讨论时间	
讨论地点	
记录员	
讨论记录	

续表

讨论议题	学习沙盘模拟规则
主持人	
讨论时间	
讨论地点	
记录员	
讨论记录	

【检查】

① 假设生产线是第 1 年第 1 季度开始建设的,中间没有中断建设投资。按照规则所示,试计算四种生产线在不同年限出售时的设备价值,并填写在表 2-1-13 中。

表 2-1-13 生产线的设备价值

可使用年限	手工生产线	半自动生产线	全自动生产线	柔性生产线
1				
2				
3				
4				
5				
6				

② 根据教材所提供产品研发需要投入的时间及研发费用,若不存在资金限制问题,请计算 4 种产品可能开始上线的最早时间,填写于表 2-1-14 中。

表 2-1-14 产品上线的最早时间

产　品	可能的最早上线时间
P2	
P3	
P4	

③ 按照教材所给的各产品的 BOM 清单,如果本年第 2 季度需要上线 2 个 P3,1 个 P4;第 3 季度需要上线 1 个 P2,1 个 P4。在不考虑库存的情况下,制订你的采购计划并填写在表 2-1-15 中。

表 2-1-15 采购计划

原　料	上年第 3 季度	上年第 4 季度	本年第 1 季度	本年第 2 季度	本年第 3 季度
R1					
R2					
R3					
R4					

④ 已知年末所有者权益为 66M,计算以下情况企业需缴纳的税款(假设税率为 25%,向下取整)。假定:

a. 企业第一年税前利润 8M，那么第一年需纳税_____M。
b. 企业第二年税前利润 3M，那么第二年需纳税_____M。
c. 企业第三年税前利润 10M，那么第三年需纳税_____M。

⑤ 按照教材所给的各项融资手段及其财务费用，假设目前资金缺口 10M，目前企业有 2 账期应收账款 15M，3 账期应收账款 16M，如果只考虑应收账款贴现方式弥补资金缺口，那么如何贴现？

2 账期应收账款贴现_____M，3 账期应收账款贴现_____M，总贴现费用_____M。

⑥ 假设企业在第 2 年第 4 季度末基本状态如下所示。若不考虑各项融资手段，计算企业在第 3 年各季度可以交货的单种 P 产品最大交货数量（表 2-1-16）。

厂房：已经购买大厂房 1 个。

生产线：现已建成 4 条生产线。1 条自动生产线产 P1，2 条手工生产线产 P2，1 条自动生产线产 P3。

原料：库存原料 2 个 R1，1 个 R2，1 个 R3。无在途原料订单。

产品：库存产品 1 个 P1，1 个 P2，1 个 P3。所有生产线的产品均是第 2 年第 4 季度上线生产的。

应收账款：1 个账期应收账款 15M。

现金：30M。

表 2-1-16 P 产品最大交货数量

产　品	第 3 年第 1 季度	第 3 年第 2 季度	第 3 年第 3 季度	第 3 年第 4 季度
P2				
P3				

⑦ 图 2-1-1 给出了某市场连续 6 年的产品需求情况，请根据图中的信息计算产品的毛利情况，说明该市场上盈利最高的产品。

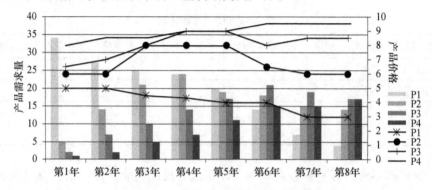

图 2-1-1 ××市场产品需求走势图

关于产品的其他统计如表 2-1-17~表 2-1-19 所示。

表 2-1-17 ××市场产品需求量统计表

产　品	第 1 年	第 2 年	第 3 年	第 4 年	第 5 年	第 6 年
P1						
P2						
P3						
P4						

表 2-1-18 ××市场产品价格统计表

产　品	第 1 年	第 2 年	第 3 年	第 4 年	第 5 年	第 6 年
P1						
P2						
P3						
P4						

表 2-1-19 ××市场产品毛利统计表

产　品	第 1 年	第 2 年	第 3 年	第 4 年	第 5 年	第 6 年	合　计
P1							
P2							
P3							
P4							

根据对××市场 6 年运营过程中产品需求量、价值和毛利情况的分析，有如下结论：

a. 第 1 年，_____产品毛利最大。

b. 第 2 年，_____产品毛利最大。

c. 第 3 年，_____产品毛利最大。

d. 第 4 年，_____产品毛利最大。

e. 第 5 年，_____产品毛利最大。

f. 第 6 年，_____产品毛利最大。

g. 从 6 年的总体运营上来说，_____产品毛利最大。

【评估】

① 假设生产线是第 1 年第 1 季度开始建设的，中间没有中断建设投资。按照规则所示，试计算四种生产线在不同年限出售时的设备价值，并填写在表 2-1-13 中。

表 2-1-13　生产线的设备价值

可使用年限	手工生产线	半自动生产线	全自动生产线	柔性生产线
1	5 M	10 M	15 M	20 M
2	4 M	8 M	12 M	20 M
3	3 M	6 M	9 M	16 M
4	2 M	4 M	6 M	12 M
5	1 M	2 M	3 M	8 M
6	1 M	2 M	3 M	4 M

② 根据教材所提供产品研发需要投入的时间及研发费用，若不存在资金限制问题，请计算 4 种产品可能开始上线的最早时间，填写于表 2-1-14 中。

表 2-1-14　产品上线的最早时间

产品	可能的最早上线时间
P2	第 2 年第 1 季度
P3	第 2 年第 3 季度
P4	第 2 年第 3 季度

③ 按照教材所给的各产品的 BOM 清单，如果本年第 2 季度需要上线 2 个 P3，1 个 P4；第 3 季度需要上线 1 个 P2，1 个 P4；在不考虑库存的情况下，制订你的采购计划并填写在表 2-1-15 中。

表 2-1-15　采购计划

原料	上年第 3 季度	上年第 4 季度	本年第 1 季度	本年第 2 季度	本年第 3 季度
R1				1R1	
R2			4R2	1R2	
R3		2R3	1R3		
R4		2R4	2R4		

④ 已知年末所有者权益为 66M，计算以下情况企业需缴纳的税款（假设税率为 25%，向下取整）。假定：

(1) 企业第一年税前利润 8M，那么第一年需纳税 0M。

(2) 企业第二年税前利润 3M，那么第二年需纳税 0M。

(3) 企业第三年税前利润 10M，那么第三年需纳税 1M。

⑤ 按照教材所给的各项融资手段及其财务费用，假设目前资金缺口 10M，目前企业有 2 账期应收账款 15M，3 账期应收账款 16M，如果只考虑应收账款贴现方式弥补资金缺口，那么如何贴现？

2 账期应收账款贴现 10M，3 账期应收账款贴现 12M，总贴现费用 2M。

⑥ 假设企业在第 2 年第 4 季度末基本状态如下所示。若不考虑各项融资手段，计算企业在第 3 年各季度可以交货的单种 P 产品最大交货数量（表 2-1-16）。

表 2-1-16　P 产品最大交货数量

产　品	第 3 年第 1 季度	第 3 年第 2 季度	第 3 年第 3 季度	第 3 年第 4 季度
P2	2	2	6	10
P3	2	3	5	9

⑦ 图 2-1-1 中给出了某市场连续 6 年的产品需求情况，请根据图中的信息计算产品的毛利情况，说明该市场上盈利最高的产品（表 2-1-17～表 2-1-19）。

表 2-1-17　××市场产品需求量统计表

产　品	第 1 年	第 2 年	第 3 年	第 4 年	第 5 年	第 6 年
P1	34	27	25	24	20	14
P2	5	14	21	24	19	18
P3	2	7	10	14	17	21
P4	1	2	5	7	11	11

表 2-1-18　××市场产品价格统计表

产　品	第 1 年	第 2 年	第 3 年	第 4 年	第 5 年	第 6 年
P1	5	5	4.5	4.3	4	4
P2	6	6	8	8	8	6.5
P3	6.5	7	8	9	9	8
P4	8	8.5	8.5	9	9	9.5

表 2-1-19　××市场产品毛利统计表

产　品	第 1 年	第 2 年	第 3 年	第 4 年	第 5 年	第 6 年	合　计
P1	102	81	62.5	55.2	40	28	379.7
P2	15	42	105	120	95	63	527
P3	5	21	40	70	85	84	467
P4	3	7	17.5	28	44	49.5	279.5

第 1 年，P1 产品毛利最大；第 2 年，P1 产品毛利最大；第 3 年，P2 产品毛利最大；第 4 年，P2 产品毛利最大；第 5 年，P2 产品毛利最大；第 6 年，P3 产品毛利最大；从 6 年的总体运营上来说，P2 产品毛利最大。

任务 2-2　按组建立模拟经营企业

【咨讯】

公司是指一般以营利为目的，从事商业经营活动或某些目的而成立的组织。根据现行《中华人民共和国公司法》，我国公司的主要形式有股份有限公司和有限责任公司，两类公司均为法人，投资者可受到有限责任保护。有限责任公司最显著的特征是，股东以其出资额为限对公司承担责任，公司以其全部资产对公司的债务承担全部责任。股份有限公司区别于有限责任公司的最为重要的特征是，其全部资本分为等额股份，股东以其所持有的股份对公司承担责任，公司以其全部资本对公司的债务承担责任，例如上市公司。

下面是公司成立的一般流程：

（1）名称核准

到工商局去领取一张"企业（字号）名称预先核准申请表"，填写你准备取的公司名称，由工商局上工商局内部网检索是否有重名，如果没有重名，就可以使用这个名称，据此核发一张"企业（字号）名称预先核准通知书"。工商名称核准费是 40 元，交给工商局。30 元可以帮你检索 5 个名字，因很多名字重复，故注意不要选择一般常见的名字。

（2）租房

去专门的写字楼租一间办公室，如果你自己有厂房或者办公室也可以，有的地方不允许在居民楼里办公。房租一般起租最少 6 个月，还要交付 2 个月押金，并支付房屋中介机构半个月房租作为中介费用。

（3）签订租房合同

你要与你所租办公室的房东一同去房屋租赁所签定合法的租赁合同。租房合同打印费 5 份 15 元，房产证复印件 5 张 2.5 元。

（4）买租房的印花税

你要到税务局去买印花税，按年租金千分之一的税率购买，贴在房租合同的首页。例如你的每年房租是 1.2 万元，那就要买 12 元钱的印花税，后面凡是需要用到房租合同的地方，都需要贴了印花税的合同复印件。

（5）编写"公司章程"

可以在工商局网站下载"公司章程"的样本，修改一下就可以了。章程的最后由所有股东签名。假设章程打印 5 份（股东 2 人各 2 份、工商局 1 份、银行 1 份、会计师事务所 1 份），章程打印费 15 元、下载公司章程的上网费 2 元。

（6）刻私章

去街上刻章的地方刻一个私章，给他们讲刻法人私章（方形的）。刻章费用

20 元。

(7) 到会计师事务所领取"银行询征函"

联系一家会计师事务所，在事务所附近的银行开临时验资账户，方便验资。

(8) 去银行开立公司验资户

所有股东带上自己入股的那一部分钱到银行，带上公司章程、工商局发的核名通知、法人代表的私章、身份证、用于验资的钱、空白询征函表格，到银行去开立公司账户，你要告诉银行是开验资户。开立好公司账户后，各个股东按自己出资额向公司账户中存入相应的钱。银行会发给每个股东缴款单，并在询征函上盖银行的章。公司验资户开户费50元。公司法规定，注册公司时，投资人（股东）必须缴纳足额的资本，可以以货币形式（也就是人民币）出资，也可以以实物（如汽车、房产、知识产权等）出资。

(9) 办理验资报告

联系会计师事务所，拿着银行出具的股东缴款单、银行盖章后的询征函，以及公司章程、核名通知、房租合同、房产证复印件，到会计师事务所办理验资报告，会计师事务师验资报告按注册资本收费。50万元以下注册资金验资费 1 000 元。

(10) 注册公司

到工商局领取公司设立登记的各种表格，包括设立登记申请表、股东（发起人）名单、董事经理监理情况、法人代表登记表、指定代表或委托代理人登记表。注册登记费按注册资金的万分之八收取。填好后，连同核名通知、公司章程、房租合同、房产证复印件、验资报告一起交给工商局。大概3个工作日后可领取执照。注册公司手续费300元。

(11) 刻章

凭营业执照，到公安局特行科审批，然后到指定的刻章社去刻公章、财务章，刻完后再去公安局备案。后面步骤中，均需要用到公章或财务章。现银行要求必须用牛角章，比较贵。公章100元，财务章100元。

(12) 办理企业组织机构代码证

凭营业执照到技术监督局办理组织机构代码证，费用是 80 元。办这个证需要2天。

(13) 办理税务登记

领取执照后，30日内到当地税务局申请领取税务登记证。一般的公司都需要办理国税和地税两种税务登记证。通常2天内办好，费用是各40元。

(14) 去银行开基本户

凭营业执照、组织机构代码证、税务登记证以及1 000元左右现金，去银行开立基本账号。最好是在原来办理验资时的那个银行的同一网点去办理，否则，会多收100元的验资账户费用。开基本户需要填很多表，你最好把能带齐的东西全部带上,要不然要跑很多趟,包括营业执照正本原件、身份证、组织机构代码证、公章、财务专用章、法人章。本环节审核时间较长,需要三个星期。

(15) 聘请会计

办理税务登记证时,必须有一个会计,因为税务局要求提交的资料其中有一项是会计资格证和身份证。中小企业可请兼职会计代理记账。

(16) 申请领购发票

如果你的公司是销售商品的,应该到国税局去申领发票,如果是服务性质的公司,则到地税局申领发票。

【计划】

请各小组根据任务 2-2 的要求,讨论筹划完成公司组建的相关工作,明确时间安排和相关注意事项。

【决策】

经过小组商议,就组建模拟公司事宜作如下研讨安排(表 2-2-1)。

表 2-2-1 组建模拟公司的研讨安排

讨论议题	组建模拟公司
主持人	
讨论时间	
讨论地点	
讨论流程	
发言要求	
记录员	
决议方式	
决议宣读人	
记录要求	
其他	

【实施】

我们是_____公司,表2-2-2是公司的组织机构情况。

表2-2-2 _____公司的组织机构情况

角 色	姓 名	主要职责
首席执行官(CEO)		
财务总监(CFO)		
营销总监(CMO)		
生产总监(CPO)		
采购总监(CLO)		
商业间谍		
助理人员		

我们按照_____的原则推选_____作为公司的CEO,因为他(她)最具有_____等特点,我们相信CEO能够带领我们做好模拟企业的经营管理。

在模拟经营过程中,不可避免地会出现意见不一致的情况。当有多种意见时,为保证模拟企业顺利地开展经营管理活动,我们按照下面的办法做出最后决策:_____

_____

_____

_____

_____

决策一经做出对公司全体成员都具有约束力。除非出现以下情况:_____

_____

_____

_____

我们将积极维护公司的利益,严格按照公司决策的要求,认真履行各自的职责,坚决执行各项决策,加强成员之间的交流与合作,尽最大努力使我们模拟公司做到最好。

【检查】

请根据下面的设定情景,各公司推举 1 名代表进行即席发言。

① 2012 年 5 月,应北京大学光华管理学院邀请,为 2012 届会计学专业本科毕业生作企业宣讲。<u>代表公司发言</u>。

发言要点:_____

② 2012 年 10 月,参加广州秋季商品交易会。主办方于交易会结束当日晚间举办鸡尾酒会答谢来宾。<u>代表来宾发言</u>。

发言要点:_____

③ 2012 年 12 月,参加日照市生产力促进中心举办的产品交易推介会,主办方为你们公司介绍了一家欧洲的客户。<u>与客户第一次见面交流发言</u>。

发言要点:_____

【评估】

组建模拟公司的评估表见表 2-2-3。

表 2-2-3 组建模拟公司的评估表

自我评估	自我点评要点（侧重于发言内容之外的细节问题）：
组间评估	其他公司点评要点：
教师评估	教师点评要点：

任务 2-3 设定模拟对抗初始状态

【咨讯】

笨笨公司长期以来一直专注于某行业 P 产品的生产与经营，目前生产的 P1 产品在本地市场知名度很高，客户也很满意。同时企业拥有自己的厂房，生产设施齐备，状态良好。最近，一家权威机构对该行业的发展前景进行了预测，认为 P 产品将会从目前的相对低水平发展为一个高技术产品。为此，公司董事会及全体股东决定将企业交给你们这一批优秀的新人去发展，希望你们：

① 投资新产品的开发，使公司的市场地位得到进一步提升。
② 开发本地市场以外的其他新市场，进一步拓展市场领域。
③ 扩大生产规模，采用现代化生产手段，努力提高生产效率。

表 2-3-1 是公司最近的资产负债表和损益表。货币计量单位：M。

表 2-3-1 公司资产负债表和损益表

损益表			资产负债表			
		期初	资产		负债与所有者权益	
主营业务收入	+	32	流动资产		负债	
主营业务成本	-	12	现金	44	长期负债	40
毛利	=	20	应收账款	0	短期负债	0
综合费用	-	9	在制品	8	应付利息	0
折旧前利润	=	11	库存商品	6	应交税费	0
折旧	-	4	原材料	0	一年内到期长期贷款	0
支付利息前利润	=	7	流动资产合计	58	负债合计	40
财务收入/支出	+/-	4	固定资产		权益	
额外收入/支出	+/-		厂房	40	股本	50
税前利润	=	3	生产线	9	利润留存	14
所得税	-	1	在建工程		未分配利润	3
净利润	=	2	固定资产合计	49	所有者权益合计	67
			资产合计	107	负债与所有者权益合计	107

注：① 厂房情况：建成 1 个大厂房，价值 40M。

② 生产线情况：建成三条手工线，一条半自动线。每条手工线净值 1M，半自动线净值 6M，合计价值 9M。

③ 产成品情况：库存 3 个 P1 产品，总价值 6M。

④ 在制品情况：每条生产线有 1 个 P1 在产，且均已投产 1Q，在制品总

价值 8M。

⑤ 企业已经发出采购 2 个 R1 的原料订单。开始运行第 1 年第 1 季度 R1 原料将入库。

⑥ 长期负债：公司目前有 4 年到期的长期贷款 40M，每年年末支付 10% 的利息。运行第 4 年年末偿还贷款本金。

【计划】

根据任务 2-3 的要求，认真阅读上述材料，由 CEO 组织公司成员熟悉沙盘运营规则，讨论并完成初始化盘面状态设置。

【决策】

经过小组商议，决定作如下研讨安排（表 2-3-2）。

表 2-3-2 设定模拟对抗初始状态的研讨安排

讨论议题	设定模拟对抗初始状态
主持人	
讨论时间	
讨论地点	
讨论流程	
发言要求	
记录员	
决议方式	
决议宣读人	
记录要求	
其他	

【实施】

公司讨论记录如表 2-3-3 所示。

表 2-3-3 _____公司讨论记录

讨论议题	设定模拟对抗初始状态
主持人	
讨论时间	
讨论地点	
记录员	
讨论记录	

续表

讨论议题	设定模拟对抗初始状态
主持人	
讨论时间	
讨论地点	
记录员	
讨论记录	

【检查】

公司讨论决议如表 2-3-4 所示。

表 2-3-4 ＿＿＿＿＿＿＿公司讨论决议

根据安排，我们公司全体成员认真讨论了沙盘初始化盘面的设置。我们的初始化盘面设置操作如下：

续表

                 _____公司 ____年____月____日
成员签名：
记录员：
决议宣读人：

【评估】

设定模拟对抗初始状态评估表如表2-3-5所示。

表2-3-5 设定模拟对抗初始状态评估表

自我评估	自我点评要点（侧重于发言内容之外的细节问题）：
组间评估	其他公司点评要点：
教师评估	教师点评要点：

任务 2-4　分析模拟对抗市场需求

【咨讯】

1. 市场需求预测

根据权威机构预测：P1 产品由于技术水平低，虽然近几年需求较旺，但未来将会逐渐下降；P2 产品是 P1 的技术改进版，虽然技术优势会带来一定增长，但随着新技术出现，需求最终会下降；P3、P4 为全新技术产品，发展潜力很大。

（1）本地市场产品需求走势预测（图 2-4-1）

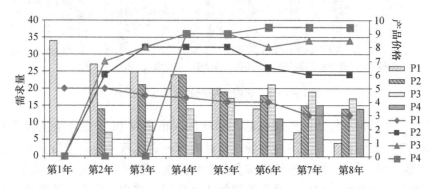

图 2-4-1　本地市场产品需求走势预测

本地市场将会持续发展，对低端产品的需求可能要下滑，伴随着需求的减少，低端产品的价格很有可能走低。后几年，随着高端产品的成熟，市场对 P3、P4 产品的需求将会逐渐增大。由于客户对质量意识的不断提高，后两年可能对产品的 ISO9000 和 ISO14000 认证有更多的需求。

（2）区域市场产品需求走势预测（图 2-4-2）

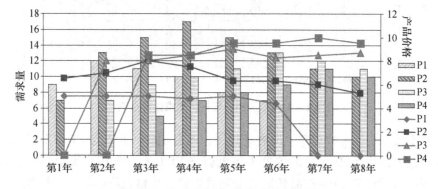

图 2-4-2　区域市场产品需求走势预测

区域市场的客户相对稳定,对 P 系列产品需求的变化很有可能比较平稳。因紧邻本地市场,所以产品需求量的走势可能与本地市场相似,价格趋势也应大致一样。该市场容量有限,对高端产品的需求也可能相对较小,但客户对产品的 ISO9000 和 ISO14000 认证有较高要求。

(3) 国内市场产品需求走势预测(图 2-4-3)

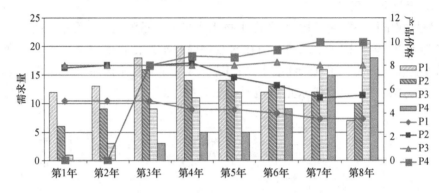

图 2-4-3 国内市场产品需求走势预测

因 P1 产品带有较浓的地域色彩,估计国内市场对 P1 产品不会有持久的需求。但 P2 产品因更适合于国内市场,估计需求一直比较平稳。随着对 P 系列产品的逐渐认同,估计对 P3 产品的需求会发展较快。但对 P4 产品的需求就不一定像 P3 产品那样旺盛。当然,对高价值的产品来说,客户一定会更注重产品的质量认证。

(4) 亚洲市场产品需求走势预测(图 2-4-4)

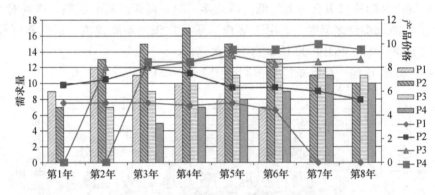

图 2-4-4 亚洲市场产品需求走势预测

这个市场上的客户喜好一向波动较大,不易把握,所以对 P1 产品的需求可能起伏较大,估计 P2 产品的需求走势也会与 P1 相似。但该市场对新产品很敏感,因此估计对 P3、P4 产品的需求会发展较快,价格也可能不菲。另外,这个市场的消费者很看重产品的质量,所以在后几年里,如果厂商没有通过 ISO9000

和 ISO14000 的认证，其产品可能很难销售。

（5）国际市场产品需求走势预测（图 2-4-5）

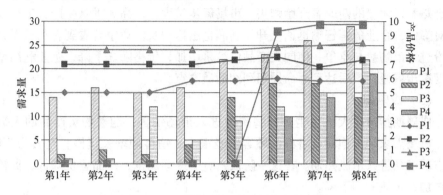

图 2-4-5　国际市场产品需求走势预测

P 系列产品进入国际市场可能需要一个较长的时间。有迹象表明，对 P1 产品已经有所认同，但还需要一段时间才能被市场接受。同样，对 P2、P3 和 P4 产品也会很谨慎的接受，需求发展较慢。当然，国际市场的客户也会关注具有 ISO 认证的产品。

2. 产品生命周期

所谓产品生命周期（Product Life Cycle，PLC）是产品的市场寿命，是产品从进入市场开始，直到最终退出市场为止所经历的市场生命循环过程，即一种新产品从开始进入市场到被市场淘汰的整个过程。产品生命周期理论是美国哈佛大学教授雷蒙德·弗农（Raymond Vernon）1966 年在其《产品周期中的国际投资与国际贸易》一文中首次提出的。弗农认为，产品生命是指市场的营销生命，产品和人的生命一样，要经历形成、成长、成熟、衰退这样的周期。就产品而言，就是要经历一个开发、引进、成长、成熟、衰退的阶段。这个周期在不同技术水平的国家里发生的时间和过程是不一样的，期间存在一个较大的差距和时差，正是这一时差，表现为不同国家在技术上的差距，反映了同一产品在不同国家市场上的竞争地位的差异，从而决定了国际贸易和国际投资的变化。

典型的产品生命周期一般可分为四个阶段，即介绍期（或引入期）、成长期、成熟期和衰退期。

（1）介绍（引入）期

介绍期指产品从设计投产直到投入市场进入测试阶段。新产品投入市场，便进入介绍期。此时顾客对产品还不了解，只有少数追求新奇的顾客可能购买，销售量很低。为了扩展销路，需要大量的促销费用，对产品进行宣传。在这一阶段，由于技术方面的原因，产品不能大批量生产，因而成本高，销售额增长缓慢，企业不但得不到利润，反而可能亏损。产品也有待进一步完善。

(2) 成长期

当产品进入引入期,销售取得成功之后,便进入了成长期。这时顾客对产品已经熟悉,大量的新顾客开始购买,市场逐步扩大。产品大批量生产,生产成本相对降低,企业的销售额迅速上升,利润也迅速增长。竞争者看到有利可图,将纷纷进入市场参与竞争,使同类产品供给量增加,价格随之下降,企业利润增长速度逐步减慢,最后达到生命周期利润的最高点。

(3) 成熟期

成熟期指产品大批量生产并稳定地进入市场销售,随着购买产品的人数增多,市场需求趋向饱和,潜在的顾客已经很少,销售额增长缓慢直至转为下降,标志着产品进入了成熟期。在这一阶段,竞争逐渐加剧,产品售价降低,促销费用增加,企业利润下降。

(4) 衰退期

随着科学技术的发展,新产品或新的代用品出现,将使顾客的消费习惯发生改变,转向其他产品,从而使原来产品的销售额和利润额迅速下降,产品进入了衰退期。

【计划】

请各公司根据任务 2-4 的要求,认真阅读上述市场预测资料,由 CEO 组织讨论市场分析的基本思路和注意问题,根据市场分析制定模拟运营的产品策略。

【决策】

经过小组商议,就市场分析事宜作如下研讨安排(表 2-4-1)。

表 2-4-1 研讨安排

讨论议题	模拟对抗市场需求分析与产品策略选择
主持人	
讨论时间	
讨论地点	
讨论流程	
发言要求	
记录员	
决议方式	
决议宣读人	
记录要求	
其他	

【实施】

公司讨论记录见表2-4-2。

表2-4-2 _____公司讨论记录

讨论议题	模拟对抗市场需求分析与产品策略选择
主持人	
讨论时间	
讨论地点	
记录员	
讨论记录	

续表

讨论议题	模拟对抗市场需求分析与产品策略选择
主持人	
讨论时间	
讨论地点	
记录员	
讨论记录	

1. 本地市场产品分析（表2-4-3~表2-4-5）

表 2-4-3　本地市场产品需求量统计表

产　品	第1年	第2年	第3年	第4年	第5年	第6年
P1						
P2						
P3						
P4						

表 2-4-4　本地市场产品价格统计表

产　品	第1年	第2年	第3年	第4年	第5年	第6年
P1						
P2						
P3						
P4						

表 2-4-5　本地市场产品毛利统计表

产　品	第1年	第2年	第3年	第4年	第5年	第6年	合　计
P1							
P2							
P3							
P4							

市场分析要点：

（1）产品需求量分析

（2）产品价格分析

（3）产品毛利分析

市场分析结论：

2. 区域市场产品分析（表2-4-6~表2-4-8）

表2-4-6 区域市场产品需求量统计表

产　品	第1年	第2年	第3年	第4年	第5年	第6年
P1						
P2						
P3						
P4						

表2-4-7 区域市场产品价格统计表

产　品	第1年	第2年	第3年	第4年	第5年	第6年
P1						
P2						
P3						
P4						

表2-4-8 区域市场产品毛利统计表

产　品	第1年	第2年	第3年	第4年	第5年	第6年	合　计
P1							
P2							
P3							
P4							

市场分析要点：

（1）产品需求量分析

（2）产品价格分析

（3）产品毛利分析

市场分析结论：

3. 国内市场产品分析（表2-4-9~表2-4-11）

表2-4-9　国内市场产品需求量统计表

产　品	第1年	第2年	第3年	第4年	第5年	第6年
P1						
P2						
P3						
P4						

表2-4-10　国内市场产品价格统计表

产　品	第1年	第2年	第3年	第4年	第5年	第6年
P1						
P2						
P3						
P4						

表2-4-11　国内市场产品毛利统计表

产　品	第1年	第2年	第3年	第4年	第5年	第6年	合　计
P1							
P2							
P3							
P4							

市场分析要点：

（1）产品需求量分析

（2）产品价格分析

（3）产品毛利分析

市场分析结论：

4. 亚洲市场产品分析（表2-4-12~表2-4-14）

表2-4-12　亚洲市场产品需求量统计表

产　品	第1年	第2年	第3年	第4年	第5年	第6年
P1						
P2						
P3						
P4						

表2-4-13　亚洲市场产品价格统计表

产　品	第1年	第2年	第3年	第4年	第5年	第6年
P1						
P2						
P3						
P4						

表2-4-14　亚洲市场产品毛利统计表

产　品	第1年	第2年	第3年	第4年	第5年	第6年	合　计
P1							
P2							
P3							
P4							

市场分析要点：

（1）产品需求量分析

（2）产品价格分析

（3）产品毛利分析

市场分析结论：

5. 国际市场产品分析（表2-4-15～表2-4-17）

表2-4-15　国际市场产品需求量统计表

产　品	第1年	第2年	第3年	第4年	第5年	第6年
P1						
P2						
P3						
P4						

表2-4-16　国际市场产品价格统计表

产　品	第1年	第2年	第3年	第4年	第5年	第6年
P1						
P2						
P3						
P4						

表2-4-17　国际市场产品毛利统计表

产　品	第1年	第2年	第3年	第4年	第5年	第6年	合　计
P1							
P2							
P3							
P4							

市场分析要点：

（1）产品需求量分析

（2）产品价格分析

（3）产品毛利分析

市场分析结论：

6. 第1年产品分析（表2-1-18～表2-1-20）

表2-4-18　第1年产品需求量统计表

产品	本地市场	区域市场	国内市场	亚洲市场	国际市场
P1					
P2					
P3					
P4					

表2-4-19　第1年产品价格统计表

产品	本地市场	区域市场	国内市场	亚洲市场	国际市场
P1					
P2					
P3					
P4					

表2-4-20　第1年产品毛利统计表

产品	本地市场	区域市场	国内市场	亚洲市场	国际市场	合计
P1						
P2						
P3						
P4						

年度分析要点：

（1）产品需求量分析

（2）产品价格分析

（3）产品毛利分析

年度分析结论：

7. 第2年产品分析（表2-4-21～表2-4-23）

表2-4-21　第2年产品需求量统计表

产　品	本地市场	区域市场	国内市场	亚洲市场	国际市场
P1					
P2					
P3					
P4					

表2-4-22　第2年产品价格统计表

产　品	本地市场	区域市场	国内市场	亚洲市场	国际市场
P1					
P2					
P3					
P4					

表2-4-23　第2年产品毛利统计表

产　品	本地市场	区域市场	国内市场	亚洲市场	国际市场	合　计
P1						
P2						
P3						
P4						

年度分析要点：

（1）产品需求量分析

（2）产品价格分析

（3）产品毛利分析

年度分析结论：

8. 第3年产品分析（表2-4-24～表2-4-26）

表2-4-24　第3年产品需求量统计表

产品	本地市场	区域市场	国内市场	亚洲市场	国际市场
P1					
P2					
P3					
P4					

表2-4-25　第3年产品价格统计表

产品	本地市场	区域市场	国内市场	亚洲市场	国际市场
P1					
P2					
P3					
P4					

表2-4-26　第3年产品毛利统计表

产品	本地市场	区域市场	国内市场	亚洲市场	国际市场	合计
P1						
P2						
P3						
P4						

年度分析要点：

（1）产品需求量分析

（2）产品价格分析

（3）产品毛利分析

年度分析结论：

9. 第4年产品分析（表2-4-27～表2-4-29）

表2-4-27　第4年产品需求量统计表

产品	本地市场	区域市场	国内市场	亚洲市场	国际市场
P1					
P2					
P3					
P4					

表2-4-28　第4年产品价格统计表

产品	本地市场	区域市场	国内市场	亚洲市场	国际市场
P1					
P2					
P3					
P4					

表2-4-29　第4年产品毛利统计表

产品	本地市场	区域市场	国内市场	亚洲市场	国际市场	合　计
P1						
P2						
P3						
P4						

年度分析要点：

（1）产品需求量分析

（2）产品价格分析

（3）产品毛利分析

年度分析结论：

10. 第5年产品分析（表2-4-30~表2-4-32）

表2-4-30　第5年产品需求量统计表

产品	本地市场	区域市场	国内市场	亚洲市场	国际市场
P1					
P2					
P3					
P4					

表2-4-31　第5年产品价格统计表

产品	本地市场	区域市场	国内市场	亚洲市场	国际市场
P1					
P2					
P3					
P4					

表2-4-32　第5年产品毛利统计表

产品	本地市场	区域市场	国内市场	亚洲市场	国际市场	合计
P1						
P2						
P3						
P4						

年度分析要点：

（1）产品需求量分析

（2）产品价格分析

（3）产品毛利分析

年度分析结论：

11. 第6年产品分析（表2-4-33~表2-4-35）

表2-4-33　第6年产品需求量统计表

产品	本地市场	区域市场	国内市场	亚洲市场	国际市场
P1					
P2					
P3					
P4					

表2-4-34　第6年产品价格统计表

产品	本地市场	区域市场	国内市场	亚洲市场	国际市场
P1					
P2					
P3					
P4					

表2-4-35　第6年产品毛利统计表

产品	本地市场	区域市场	国内市场	亚洲市场	国际市场	合计
P1						
P2						
P3						
P4						

年度分析要点：
（1）产品需求量分析

（2）产品价格分析

（3）产品毛利分析

年度分析结论：

12. 需求分析总结
(1) 基于横向视角的市场分析

(2) 基于纵向视角的年度分析

(3) 基于综合分析的产品策略制定

【检查】

公司讨论决议见表2-4-36。

表2-4-36 _____公司讨论决议

根据安排,我们公司全体成员认真分析了各市场的需求情况,现将市场分析的基本思路和具体做法陈述如下:

续表

经过精确计算，我们得出如下结论：
＿＿＿＿＿＿公司 ＿＿年＿＿月＿＿日
成员签名：
记录员：
决议宣读人：

【评估】

分析模拟对抗市场需求的评估见表 2-4-37。

表 2-4-37 分析模拟对抗市场需求的评估表

自我评估	自我点评要点（侧重于发言内容之外的细节问题）：
组间评估	其他公司点评要点：
教师评估	教师点评要点：

任务2-5　学习模拟对抗运行操盘

【咨讯】

新管理层接手企业，需要有一个适应阶段，在这个阶段，需要与原有管理层交接工作，熟悉企业的工作流程。因此，在"ERP沙盘模拟"课程中，设计起始年的主要目的是团队磨合、进一步熟悉规则，明晰企业的运营过程。

资金是企业的血液。伴随着企业各项活动的进行，会发生现金的流动。为了清晰记录现金的流入与流出，我们在任务清单中设置了现金收支明细登记。CEO带领大家每执行一项任务时，如果涉及现金收付，财务总监在收付现金的同时，要相应地在方格内登记现金收支情况。一定要注意，在填写任务清单时要按照自上而下、从左至右的顺序严格执行。

1. 年初四项工作

（1）新年度规划会议

新的一年开始之际，企业管理团队要制定企业战略，作出经营规划、设备投资规划、营销策划方案等。具体来讲，需要进行销售预算和可承诺量的计算。常言道："预则立，不预则废"。预算是企业经营决策和长期投资决策目标的一种数量表现，即通过有关数据将企业全部经济活动的各项目标具体地、系统地反映出来。销售预算是编制预算的关键和起点，主要是对本年度要达到的销售目标进行预测，销售预算的内容是销售数量、单价和销售收入等。

（2）支付广告费用/参加订货会/登记销售订单

支付广告费用：将广告费放置在沙盘上"广告费"的位置。财务总监记录支出的广告费。

参加订货会：各企业订货会之前，需要计算企业的可接单量。企业可接单量主要取决于现有库存和生产能力，因此产能计算的准确性直接影响到销售交付。所以客户在争取订单时，应以企业的产能、设备投资计划等为依据，避免接单不足、设备闲置或盲目接单，无法按时交货，引起企业信誉降低。各公司的生产总监应提前规划产能，营销总监、采购总监和财务总监应协助做好订单预测、采购计划和资金预算工作。

登记销售订单：客户订单相当于企业签订的订货合同，需要进行登记管理。营销总监领取订单后负责将订单记在"订单登记表"中，记录每张订单的订单号、所属市场、所订产品、产品数量、订单销售额、应收账期。

（3）制订新年度计划

在明确今年的销售任务后，需要以销售为龙头，结合企业对未来的预测，编制生产计划、采购计划、设备投资计划并进行相应的资金预算。将企业的供产销活动有机地结合起来，使企业各部门的工作形成一个有机的整体。

（4）支付应交税

依法纳税是每个企业及公民的义务。请财务总监按照上一年度利润表的"所得税"一项的数值取出相应的现金放置于沙盘上的"税金"处并做好现金收支记录。

2. 每季度20项工作

以下20项工作每个季度都要执行。

（1）季初盘点（记录现金、产品或原料数量）

财务总监盘点并记录现金库中的现金和应收账款；营销总监盘点并记录各种产品的未交货订单量；生产总监盘点并记录各种在产品和产成品数量；采购总监盘点原料采购订单和原料库存数量。

（2）更新短期贷款/还本付息

更新短期贷款：如果企业有短期贷款，请财务总监将空桶向现金库方向移动一格。移至现金库时，表示短期贷款到期。

还本付息：短期贷款的还款规则是利随本清。短期贷款到期时，每桶需要支付 $20M \times 5\% = 1M$ 的利息，因此，本金与利息共计21M。财务总监从现金库中取出现金，其中20M还给银行，1M放置于沙盘上"利息"处并做好现金收支记录。

（3）申请短期贷款

短期贷款只有在这一时点上可以申请。可以申请的最高额度为：上一年度所有者权益 $\times 3$ -（已有短期贷款+已有长期贷款）。

（4）更新应付款/归还应付款

财务总监将应付款向现金方向移动一格。到达现金库时，从现金库中取现金付清应付款并做好现金收支记录。

（5）原材料入库/更新原料订单

供应商发出的订货已运抵企业时，企业必须无条件接受货物并支付料款。采购总监将原料订单区的空桶向原料库方向推进一格，到达原料库时，向财务总监申请原料款，支付给供应商，换取相应的原料。如果现金支付，财务总监要做好现金收支记录，如果启用应付账款，在沙盘上做相应的标记。

（6）下原料订单

采购总监根据年初制订的采购计划，决定采购的原料品种及数量，每个空桶代表一批原料，将相应数量的空桶放置于对应品种的原料订单处。

（7）更新生产/完工入库

由运营总监将各生产线上的在制品推进一格。产品下线表示产品完工，将产品放置于相应的产品库。

(8) 投资生产线/变卖生产线/生产线转产

购买：投资新设备时，由运营总监向指导老师领取新生产线标识，翻转放置于某厂房相应位置，其上放置与该生产线安装周期相同的空桶数。投资新生产线时按安装周期平均支付投资，全部投资到位的下一个季度领取产品标识，开始生产。在这一过程中，每个季度向财务总监申请建设资金，财务总监做好现金支出记录。

出售：出售生产线时，如果生产线净值小于残值，将净值转换为现金；如果生产线净值大于残值，将相当于残值的部分转换为现金，将差额部分作为费用处理，在综合费用明细表其他项中记载。

转产：现有生产线转产生产新产品时可能需要一定转产周期并支付一定转产费用，请运营总监将生产线标识翻转，按季度向财务总监申请并支付转产费用，当满足转产周期要求并支付全部转产费用后，再次翻转生产线标识，领取新的产品标识，开始新的生产。

(9) 紧急采购原料/原料变现

新产品上线时，原材料库中必须备有足够的材料，否则需要停工待料，这时采购总监可以从其他企业购买。如果按原料的原值购入，购买方视同"原材料入库"处理，出售方采购总监从原材料库中取出原料，向购买方收取同值现金，放入现金库并做好现金收支记录。如果高于原材料价值购入，购买方将差额计入利润表中的其他支出，出售方将差额计入利润表中的其他收入，财务总监做好现金收支记录。

(10) 开始下一批生产

当更新生产/完工入库后，某些生产线的在制品已经完工，可以考虑开始生产新产品。由运营总监按照产品结构从原料库中取出原料，并向财务总监申请品加工费，将上线产品摆放到第一个生产季度表示的位置。

(11) 更新应收款/应收款收现

财务总监将应收款向现金方向推进一格，到达现金库时即成为现金，在资金出现缺口而不具备银行贷款的情况下，可以考虑应收款贴现。应收款贴现可以随时进行，财务总监按10或8的倍数取应收账款，其中1/10或1/8作为贴现费用置于沙盘上"贴息"处，9/10或7/8放入现金库，并做好现金收支记录。应收账款贴现时不考虑账期因素。

(12) 出售厂房

资金不足时可以出售厂房，厂房按购买价值出售，但得到的是4账期的应收款。

(13) 紧急采购产品/出售库存成品

如果产能计算有误，有可能本年度不能交付客户订单，这样不仅信誉尽失，且要接受订单总额的20%的罚款。这时营销总监可以考虑向其他企业购买产品，如果以成本价购买，买卖双方正常处理；如果高于成本价购买，购买方将差价（支付现金－产品成本）计入直接成本，出售方将差价计入销售成本，财务总监做好现金收支记录。

（14）按订单交货

营销总监检查各成品库中的成品数量是否满足客户订单要求，满足则按照客户订单交付一定数量的产品给客户，并在订单登记表中登记该批产品的成本。客户按订单收货，并按订单上列明的条件支付货款，若为现金（0账期）付款，营销总监直接将现金置于现金库，财务总监做好现金收支记录；若为应收账款，营销总监将现金置于应收账款相应账期处。

（15）产品研发投资

按照年初制订的产品研发计划，运营总监向研发总监申请产品研发资金，置于相应产品生产资格位置，财务总监做好现金收支记录。

（16）支付行政管理费

管理费用指企业为了维持运营开发的管理人员的工资、必要的差旅费、招待费等。财务总监取出1M放在"管理费"处，并做好现金收支记录。

（17）其他现金收支情况登记

除以上引起现金流动的项目外，还有一些没有对应项目的，如应收账款贴现（随时进行）、厂房贴现（随时进行）等，可以直接记录在该项中。

（18）收入合计（请填现金、产品或原料数量）

统计本季度现金、产品和原料的收入总额。

（19）支出合计（请填现金、产品或原料数量）

统计本季度现金、产品和原料的支出总额。第四季度的统计数字中包括第四季度本身的和年底发生的。

（20）期末现金对账（请填余额）

每个季度结束及年末，财务总监盘点并记录现金与应收账款；营销总监盘点并记录各种产品的未交货订单量；生产总监盘点并记录各种在产品和产成品数量；采购总监盘点原料采购订单和原料库存数量。

3. 年末9项工作

（1）支付长贷利息/更新长期贷款

支付长贷利息：长期贷款的还款规则是每年付息，到期还本。如果当年未到期，每桶需要支付$20M \times 10\%$即2M的利息，财务总监从现金库中取出长期贷款利息置于沙盘上的"利息"处，并做好现金收支记录。长期贷款到期时，财务总监从现金库中取出现金归还本金及当年利息，并做好现金收支记录。

更新长期贷款：如果企业有长期贷款，请财务总监将空桶向现金库方向移动一格，当移至现金库时，表示长期贷款到期。

(2) 申请长期贷款

长期贷款只有在年末可以申请。可以申请的最大额度：上年所有者权益×3－（已有长期贷款＋已有短期贷款）。

(3) 支付设备维护费

在用的每条生产线支付 1M 的维护费。财务总监取相应现金置于沙盘上的"维修费"处，并做好现金收支记录。

(4) 支付租金/购买厂房

大厂房为自主厂房，如果本年在小厂房中安装了生产线，此时要决定该厂房是购买还是租用，如果购买，财务总监取出与厂房价值相等的现金置于沙盘上的厂房价值处；如果租赁，财务总监取出与厂房租金相等的现金置于沙盘上的"租金"处，无论购买还是租赁，财务总监都应做好现金收支记录。

(5) 计提折旧

厂房不提折旧，设备按余额递减法计提折旧，在建工程及当年新建设备不提折旧。折旧＝原有设备价值/3 向下取整。财务总监从设备价值中取折旧费放置于沙盘上的"折旧"处。当设备价值下降至 3M 时，每年折旧 1M。

(6) 新市场开拓/换取市场资格证

财务总监取出现金放置在要开拓的市场区域，并做好现金支出记录。市场开发完成，从指导教师处领取相应市场准入证。

(7) ISO 认证投资/ISO 资格换证

财务总监取出现金放置在要认证的区域，并做好现金支出记录。认证完成，从指导教师处领取 ISO 资格证。

(8) 缴纳违约订单罚款

年度运营结束，按照违约订单总金额的 20%（即销售总额×0.2 后向下取整）计算违约金。财务总监取出现金放置在盘面的"其他"区域并做好现金支出记录。

(9) 结账

一年的经营下来，年终要做一次"盘点"，编制利润表和资产负债表。在报表做好后，指导教师将会取走沙盘上企业已支出的各项成本，为来年做好准备。

【计划】

根据任务 2－5 的要求，由公司 CEO 组织进行各项任务学习，研讨沙盘操作的注意事项，独立完成年实际操盘练习。

【决策】

经过小组商议，决定作如下研讨安排（表 2－5－1）。

表 2-5-1 沙盘操作规程与导入年操作研讨安排

讨论议题	沙盘操作规程与导入年操作
主持人	
讨论时间	
讨论地点	
讨论流程	
发言要求	
记录员	
决议方式	
决议宣读人	
记录要求	
其他	

【实施】

公司讨论记录见表 2-5-2。

表 2-5-2 ＿＿＿＿公司讨论记录

讨论议题	沙盘操作规程与导入年操作
主持人	
讨论时间	
讨论地点	
记录员	
讨论记录	

续表

讨论议题	沙盘操作规程与导入年操作
主持人	
讨论时间	
讨论地点	
记录员	
讨论记录	

【检查】

公司讨论决议见表2-5-3。

表2-5-3 _____公司讨论决议

根据安排，我们公司全体成员认真学习了沙盘运营的主要任务和操作规程，按照老师的讲解，独立完成了导入年的各项任务。现将具体做法陈述如下：

续表

_____公司 ____年____月____日
成员签名:
记录员:
决议宣读人:

【评估】

学习模拟对抗运行操盘评估见表2-5-4。

表2-5-4 学习模拟对抗运行操盘评估表

自我评估	自我点评要点（侧重于发言内容之外的细节问题）：
组间评估	其他公司点评要点：
教师评估	教师点评要点：

任务 2-6 搜集竞争对手运营信息

【咨讯】

《孙子兵法》里说，"知己知彼，百战不殆"。在战场上，情报的搜集对于作战指挥员尤为重要。俗话说，商场如战场。沙盘模拟教学为所有参加市场竞争的选手提供了仿真商战形态，要想在这个对抗竞争过程中占据优势，就必须掌握相关的信息，以确保决策的准确性。

1. 信息

信息是以适合于通信、存储或处理的形式来表示的知识或消息。现代科学中信息指事物发出的消息、指令、数据、符号等所包含的内容。人通过获得、识别自然界和社会的不同信息来区别不同事物，得以认识和改造世界。在一切通信和控制系统中，信息是一种普遍联系的形式。

2. 情报

情报是指被传递的知识或事实，是知识的激活，是运用一定的媒体（载体）、越过空间和时间传递给特定用户、解决科研生产中的具体问题所需要的特定知识和信息。情报的定义是情报学中一个最基本的概念，它是构建情报学理论体系的基石，是情报学科建设的基础，对情报工作产生直接的影响。

情报究竟是什么？时至今日，国内外对情报定义仍然是众说纷纭。据学者统计，如今国内外对情报的定义数以百计，不同的情报观对情报有不同的定义，主要的三种情报观对情报的解释是：

（1）军事情报观对情报的解释

如"军中集种种报告，并预见之机兆，定敌情如何，而报于上官者"（1915年版《辞源》），"战时关于敌情之报告，曰情报"（1939年版《辞海》），"获得的他方有关情况以及对其分析研究的成果"（1989年版《辞海》），"以侦察的手段或其他方式获取有关对方的机密情况"（光明日报出版社现代汉语《辞海》）。

（2）信息情报观对情报的解释

如情报是"被人们所利用的信息""被人们感受并可交流的信息""含有最新知识的信息""某一特定对象所需要的信息，"等。

（3）知识情报观对情报的解释

如《牛津英语词典》把情报定义为"有教益的知识的传达"，"被传递的有关情报特殊事实、问题或事情的知识"。英国的情报学家 B·C·布鲁克斯认为："情报是使人原有的知识结构发生变化的那一小部分知识"。苏联情报学家 A·H·米哈依洛夫所采用的情报定义："情报——作为存储、传递和转换的对象的知识"。日本《情报组织概论》一书的定义为："情报是人与人之间传播着的一切符号系列化的知识"。我国情报学界也提出了类似的定义，有代表性的是："情报是运动着的知识，这种知识是使用者在得到知识之前所不知道的"；"情报是传播中的知识"；"情报就是作为人们传递交流对象的知识"。

除了军事、信息、知识三种主要情报观的情报定义外，还有许多从其他不同的社会功能、不同的角度、不同的层面对情报作出定义的。情报是为实现主体某种特定目的，有意识地对有关的事实、数据、信息、知识等要素进行劳动加工的产物。

情报具有知识性、传递性和效用性三个基本属性。

（1）知识性

知识是人的主观世界对于客观世界的概括和反映。随着人类社会的发展，每日每时都有新的知识产生，人们通过读书、看报、听广播、看电视、参加会议、参观访问等活动，都可以吸收到有用知识。这些经过传递的有用知识，按广义的说法，就是人们所需要的情报。因此，情报的本质是知识，没有一定的知识内容，就不能成为情报。知识性是情报最主要的属性。

（2）传递性

知识成为情报，还必须经过传递，知识若不进行传递交流、供人们利用，就不能构成情报。情报的传递性是情报的第二基本属性。

（3）效用性

人们创造情报、交流传递情报的目的在于充分利用、不断提高效用性。情报的效用性表现为启迪思想、开阔眼界、增进知识、改变人们的知识结构、提高人们的认识能力、帮助人们去认识和改造世界。情报为用户服务，用户需要情报，效用性是衡量情报服务工作好坏的重要标志。

此外，情报还具有社会性、积累性、与载体的不可分割性以及老化等特性。情报属性是情报理论研究的重要课题之一，其研究成果正丰富着情报学的内容。

按应用范围分类，情报可分为科学情报、经济情报、技术情报、军事情报、政治情报等。按内容及作用分类，情报又可分为战略性情报和战术性情报两大类。战略性情报一般是指对解决全局或某一特定领域中（如制定能源政策、城市发展规划等）一些带有方向性、政策性问题所需要的活化了的知识，其中包括科学依据、论证和方案等内容。战略情报的形成需要经过高度的逻辑思维过程并具有较明显的预测性质。战术性情报则是指对解决局部或某一学科领域中的一些具体问题所提供的情报。战略性情报与战术性情报是相互作用、密切关联的。战术性情报是构成战略性情报的基础，战略性情报则可以为战术性情报指明方向。

在情报学中，通常可以运用社会调查法、文献计量统计方法、数学分析法、系统分析与评价方法、历史研究方法、德尔斐法、内容分析法、比较分析法、哲学研究法等方法对情报采集进行研究，近来空白点分析法、聚类映像法等方法也广泛应用于情报采集的研究中。

【计划】

请根据任务 2-6 的要求,由 CEO 组织本公司成员讨论主要竞争对手商业情报的搜集事宜,明确讨论范围与注意事项。

【决策】

经过小组商议,决定作如下研讨安排(表 2-6-1)。

表 2-6-1　搜集竞争对手信息研讨安排

讨论议题	竞争对手信息搜集
主持人	
讨论时间	
讨论地点	
讨论流程	
发言要求	
记录员	
决议方式	
决议宣读人	
记录要求	
其他	

【实施】

公司讨论记录见表 2-6-2。

表 2-6-2 _____公司讨论记录

讨论议题	竞争对手信息搜集
主持人	
讨论时间	
讨论地点	
记录员	
讨论记录	

续表

讨论议题	竞争对手信息搜集
主持人	
讨论时间	
讨论地点	
记录员	
讨论记录	

【检查】

公司讨论决议见表2-6-3。

表2-6-3 _____公司讨论决议

根据安排,我们公司全体成员认真学习了上述材料,并讨论了竞争对手信息搜集的相关事项。经过激烈的讨论,我们认为,商业信息搜集的主要渠道和具体做法有:

续表

_____公司 ____年____月____日
成员签名：
记录员：
决议宣读人：

【评估】

搜集对手信息评估见表2-6-4。

表2-6-4 搜集对手信息评估表

自我评估	自我点评要点（侧重于发言内容之外的细节问题）：
组间评估	其他公司点评要点：
教师评估	教师点评要点：

任务 2-7　分析模拟公司运营状况

【咨讯】

1. 财务分析的概念

关于企业财务分析的含义，可以有很多认识与理解。从分析的内容来看，财务分析既可以指对企业历史的财务状况与成果进行的分析，也可以是指对企业将要实施的投资项目在财务方面进行评价与分析，等等。从分析的主体来看，既可以指从外部股权投资者和债权人的角度利用财务报表对企业财务状况进行分析，也可以指从企业内部管理者的角度对企业整体和局部的财务状况进行的分析，还可以指企业内部管理者从管理者的角度对企业整体和局部未来财务状况的预测分析。

2. 财务分析的目的

对企业进行财务分析所依据的资料是客观的，但是，不同的人员所关心问题的侧重点不同，因此，进行财务分析的目的也不同。企业经营管理者为改善企业的财务决策必须全面了解企业的生产经营状况和财务状况，他们进行财务分析的目的和要求是全面的；企业投资者的利益与企业的经营成果密切相关，他们更关心企业的资本盈利能力、企业生产经营的前景和投资风险；企业的债权人则主要关心企业能否按期还本付息，他们一般侧重于分析企业的偿债能力。综合起来，进行财务分析主要出于以下目的：

（1）评价企业的偿债能力

通过对企业的财务报告等会计资料进行分析，可以了解企业资产的流动性、负债水平以及偿还债务的能力，从而评价企业的财务状况和经营风险，为企业经营管理者、投资者和债权人提供财务信息。

（2）评价企业的资产管理水平

企业的生产经营过程就是利用资产取得收益的过程。资产是企业生产经营活动的经济资源，资产的管理水平直接影响到企业的收益，它体现了企业的整体素质。进行财务分析，可以了解到企业资产的保值和增值情况，分析企业资产的管理水平、资金周转状况、现金流量情况等，为评价企业的经营管理水平提供依据。

（3）评价企业的获利能力

获取利润是企业的主要经营目标之一，它也反映了企业的综合素质。企业要生存和发展，必须争取获得较高的利润，这样才能在竞争中立于不败之地。投资者和债权人都十分关心企业的获利能力，获利能力强可以提高企业偿还债务能力力，提高企业的信誉。对企业获利能力的分析不能仅看其获取利润的绝对数，还应分析其相对指标，这些都可以通过财务分析来实现。

（4）评价企业的发展趋势

无论是企业的经营管理者，还是投资者、债权人，都十分关注企业的发展趋势，这关系到他们的切身利益。通过对企业进行财务分析，可以判断出企业的发展趋势，预测企业的经营前景，从而为企业经营管理者和投资者进行经营决策和投资决策提供重要的依据，避免决策失误给其带来重大的经济损失。

3. 主要财务分析指标

（1）偿债能力分析指标

流动比率：流动比率是企业流动资产与流动负债的比率。在沙盘中，流动资产主要包括现金、应收款项、存货等，一般是指资产负债表中的期末流动资产总额；流动负债主要包括短期借款、应付及预收款项、各种应交款项、1年内即将到期的长期负债等，通常也指资产负债表中的期末流动负债总额。流动比率是衡量企业短期偿债能力的主要财务比率之一，一般来说，这个比率越高，企业偿还短期负债的能力越强，但是过高的流动比率并非好现象，因为流动比率过高，可能是因企业滞留在流动资产上的资金未能有效地加以利用，会影响企业的获利能力。

速动比率：速动比率是企业的速动资产与流动负债的比值。速动资产是流动资产中扣除存货部分，主要包括现金（即货币资金）、应收账款等。根据西方经验，一般来说速动比率为1时比较合适，速动比率低于1被认为是短期偿债能力比较低。

资产负债率：资产负债率是负债总额除以资产总额的百分比。它反映在资产总额中有多大比例是通过借债来筹资的，也可以衡量企业在清算时保护债权人利益的程度。

权益乘数：股东权益比率的倒数称为权益乘数，即资产总额是股东权益的多少倍。该乘数越大，说明股东投入的资本在资产总额中所占的比例越小。

（2）营运能力分析指标

企业的营运能力反映了企业资金周转状况，对此进行分析，可以了解企业的营业状况及管理水平。评价企业的营运能力常用的财务比率有存货周转率、应收账款周转率、营业周期、流动资产周转率、固定资产周转率、总资产周转率等。

存货周转率：存货周转率是衡量和评价企业购入存货、投入生产、销售收回等各管理状况的综合指标。它是一定时期的销货成本除以平均存货而得的比率，又称存货周转次数。存货周转率可以用来测定企业存货的变现速度，衡量企业的销售能力和存货是否过量。

应收账款周转率：应收账款周转率是评价应收账款流动性大小的一个重要财务比率，它是企业一定时期内赊销收入净额和应收账款平均余额的比率，反映应收账款的周转速度,可以用来分析企业应收账款的变现速度和管理效率。

流动资产周转率:流动资产周转率是企业销售收入与流动资产平均净值的比率。这一比率主要用于对流动资产的利用效率进行分析。

固定资产周转率:固定资产周转率也称固定资产利用率,是企业销售收入与固定资产平均净值的比率。这一比率主要用于对厂方、设备等固定资产的利用效率进行分析。

总资产周转率:总资产周转率也称总资产利用率,是企业销售收入与企业资产平均总额的比率。总资产周转率可用来分析企业全部资产的利用效率。

(3) 盈利能力分析指标

盈利能力是指企业赚取利润的能力。盈利是企业的重要经营指标,是企业生存、发展的物质基础。它不仅关系到企业所有者的利益,也是企业偿还债务的一项重要来源。

销售毛利率:销售毛利率,也称毛利率,是企业的销售毛利与销售收入净额的比率。销售毛利率,表示每一元销售收入净额扣除销售成本后,有多少钱可以用于各项期间费用和形成盈利。销售毛利率还反映了企业的销售成本与销售收入净额的比率关系,毛利率越大,说明在销售收入净额中销售成本所占比重越小,企业通过销售获取利润的能力越强。

销售净利率:销售毛利率是销售净利率的基础,没有足够大的销售毛利就不可能有盈利。销售净利率是企业净利润与销售收入净额的比率。销售净利率说明了企业净利润占销售收入净额的比例,它可以评价企业通过销售赚取利润的能力。销售净利率表明每一元销售收入净额可实现的净利润是多少。该比率越高,企业通过销售获取收益的能力越强。

资产报酬率:资产报酬率也称资产收益率、资产利润率或投资报酬率,是企业一定时期内净利润与平均资产总额的比率。资产报酬率主要用来衡量企业利用资产获取利润的能力,它反映了企业总资产的利用效率。这一比率越高,表明资产的利用效率越高,企业盈利能力越强,说明企业在增加收入和节约资金使用等方面取得了良好的效果,否则相反。

股东权益报酬率:股东权益报酬率,也称净资产收益率、净值报酬率或所有者权益报酬率,它是一定时期企业的净利润与股东权益平均总额的比率。股东权益报酬率是评价企业获利能力的一个重要财务比率,它反映了企业股东获取投资报酬的高低。

【计划】

请根据任务 2-7 的要求,由 CEO 组织公司成员共同学习上述知识,明确时间安排、讨论内容和注意事项,完成本公司的财务分析。

【决策】

经过小组商议,决定作如下研讨安排(表 2-7-1)。

表 2-7-1 模拟公司运营状况分析的研讨安排

讨论议题	模拟公司运营状况分析
主持人	
讨论时间	
讨论地点	
讨论流程	
发言要求	
记录员	
决议方式	
决议宣读人	
记录要求	
其他	

【实施】

公司讨论记录见表 2-7-2。

表 2-7-2 ＿＿＿＿＿公司讨论记录

讨论议题	模拟公司运营状况分析
主持人	
讨论时间	
讨论地点	
记录员	
讨论记录	

续表

讨论议题	模拟公司运营状况分析
主持人	
讨论时间	
讨论地点	
记录员	
讨论记录	

公司财务报表见表2-7-3和表2-7-4。

表2-7-3　　　　　　公司导入年年初财务报表

损益表			资产负债表			
		期初	资产		负债与所有者权益	
主营业务收入	+	32	流动资产		负债	
主营业务成本	−	12	现金	44	长期负债	40
毛利	=	20	应收账款	0	短期负债	0
综合费用	−	9	在制品	8	应付利息	0
折旧前利润	=	11	库存商品	6	应交税费	0
折旧	−	4	原材料	0	一年内到期长期贷款	0
支付利息前利润	=	7	流动资产合计	58	负债合计	40
财务收入/支出	+/−	4	固定资产		权益	
额外收入/支出	+/−		厂房	40	股本	50
税前利润	=	3	生产线	9	利润留存	14
所得税	−	1	在建工程		未分配利润	3
净利润	=	2	固定资产合计	49	所有者权益合计	67
			资产合计	107	负债与所有者权益合计	107

表2-7-4　　　　　　公司导入年年末财务报表

损益表			资产负债表			
		期初	资产		负债与所有者权益	
主营业务收入	+		流动资产		负债	
主营业务成本	−		现金		长期负债	
毛利	=		应收账款		短期负债	
综合费用	−		在制品		应付利息	
折旧前利润	=		库存商品		应交税费	
折旧	−		原材料		一年内到期长期贷款	
支付利息前利润	=		流动资产合计		负债合计	
财务收入/支出	+/−		固定资产		权益	
额外收入/支出	+/−		厂房		股本	
税前利润	=		生产线		利润留存	
所得税	−		在建工程		未分配利润	
净利润	=		固定资产合计		所有者权益合计	
			资产合计		负债与所有者权益合计	

请根据导入年的运营情况填写表 2-7-4，并计算财务分析指标。
（1）偿债能力指标
流动比率
速动比率
资产负债率
权益乘数
（2）营运能力指标
存货周转率
流动资产周转率
固定资产周转率
总资产周转率
（3）盈利能力指标
销售毛利率
销售净利率
资产报酬率
净资产报酬率
【检查】
请组内互相检查计算结果是否一致，分析计算结果出现错误的原因。
【评估】
经过互换检查结果，在全部 12 个指标中，正确计算了_____个指标，正确率_____%。本次出现了_____个财务指标计算错误，出错的原因是：

_____
_____
_____
_____
_____
_____
_____

项目 3
对抗训练

能力目标

1. 能运用流利的语言说明沙盘运营的任务。
2. 能熟练运用模拟运营规则制定运营决策。
3. 能运用企业经营知识分析市场竞争态势。
4. 能运用流利的语言描述公司的冲突管理。

知识目标

1. 了解企业模拟运营流程相关知识。
2. 理解 SWOT 分析和竞争优势分析的思路。
3. 理解公司合作中的合作、竞争、冲突与创新。
4. 掌握盈亏平衡分析技术、全面预算技术和财务分析技术。

项目分解

任务编号	任务名称	建议课时	教学准备
3-1	梳理运营任务	1	企业模拟经营流程表
3-2	第1年运营对抗训练	3	盈亏平衡分析技术
3-3	第2年运营对抗训练	2	全面预算技术
3-4	第3年运营对抗训练	2	杜邦分析体系
3-5	第4年运营对抗训练	2	SWOT 分析方法
3-6	第5年运营对抗训练	2	信息化、竞争优势
3-7	第6年运营对抗训练	2	团队管理

任务 3-1　梳理运营任务

【咨讯】

经过项目 2 的一系列任务训练，相信各公司对沙盘运营有了更加深刻的认识，有些公司已经跃跃欲试。为保证运营的顺利进行，在正式开始实战对抗之前，各公司有必要进一步梳理沙盘模拟运营的各项任务和规则，力求成竹在胸。下面是沙盘模拟运营过程中每个公司都需要认真考虑的典型问题。

1. 制定企业战略

在企业中，战略问题是一个永恒的问题，但往往也是被人们所忽视的问题。可以说每个成功的企业都有一个好的战略，失败的企业背后往往隐藏着错误的战略。不论是现实生活中还是我们的模拟中，作为公司管理者，我们的最终奋斗目标都是"公司价值最大化"。

在沙盘模拟过程中，企业管理层通过各种渠道获得一定时期内有关产品、价格、市场发展情况的预测资料，结合企业现有资源情况，进行战略选择。

① 我们想成为什么样的公司？规模（大公司或小公司），生产产品（多品种、少品种），市场开拓（许多市场，少量市场），努力成为市场领导者还是市场追随者？为什么？

② 我们倾向于何种产品？何种市场？企业竞争的前提是资源有限，在很多情况下，放弃比不计代价的掠取更明智，因此需要管理者做出决定：有限的资源是在重点市场、重点产品投放呢？还是全面铺开？

③ 我们计划怎样拓展生产设施？有多种生产设施可供企业选择，每种生产设施的购置价格、生产能力、灵活性等属性各不相同。

④ 企业计划采用怎样的融资策略？资金是企业运营的基础。企业融资方式是多种多样的，常见的有发行股票、发行债券、银行借款、应收账款贴现等。每种融资方式的特点及适用性都有所不同，企业在制定战略时应结合企业的发展规则，做好融资规划，以保证企业的正常运营，控制资金成本。

2. 制定年度运营方案

企业战略不是一成不变的，而是根据企业内外部环境的变化和竞争对手的发展动态不断调整的。每一年经营前，都要制定好企业的年度经营方案，每一年经营后，都要检验企业战略的实战性，并且根据以后年度的市场趋势预测，结合公司自身优势和劣势，调整既定战略。在沙盘模拟过程中可以根据表 3-1-1 制定自己的年度运行方案。

表 3-1-1　运行计划表

销售预算	销售数量：
	单价：
	销售收入：
最大可交货量 （最大可受订单）	库存：
	生产能力：
经营规划	生产计划：
	采购计划：
设备投资规划	厂房投资或租赁计划：
	设备转产、新购或变卖计划：
营销策划方案	广告方案：
	市场开发计划：
	产品研发计划：
	资格认证计划：
融资计划	资金预算：
	融资计划：

3. 广告投放

企业模拟经营电子沙盘中，每一年的年初都会涉及年度订货会，而年度订货会的成果将会影响整个企业经营状况。投入一定的广告，让更多的人了解并接受你的产品，就会有更多的人购买你的产品。

在这里特别提醒：

① 要想拿到订单，就必须投入一定的广告费，投入的广告费越高，拿单的可能性就越大。当然，广告费并不是越多越好，我们还要考虑效费比的问题。聪明的经营者会认真研究分析市场需求以及竞争对手的经营策略，然后做出更好的决策。

② 每个市场上的订单是有限的，并不是打广告就能拿到订单。

③ 一定要在把握好企业生产经营工作的流程基础上，再去考虑广告费用的预算。

④ 各公司可以根据表 3-1-2 投放广告。

表 3-1-2　广告投放表　　　　　　　　　　　单位：M

市　场	P1	P2	P3	P4	ISO9000	ISO14000	合　计
本地							
区域							
国内							
亚洲							
国际							
合计							

4. 选取并登记产品订单

企业选择订单不仅需要考虑利润，更重要的是要结合企业自身的发展状况，综合考虑订单的交货时间、账期和一些特殊的要求等等。这里我们需要特别注意：

① 订单的选择顺序是根据各个地区的广告投入的高低情况进行选单，谁投入的广告费高谁就有优先选单权。

② 订单要按要求的时间交货，未按时交货将扣除该张订单的违约金。

③ 订单上的账期代表客户收货的交付方式，若为 0 账期，则现金付款；若为 1 账期，代表客户 1 个季度后才能付款；以此类推。

④ 如果订单上标注了"ISO9000"或"ISO14000"，那么要求生产单位必须取得了相应认证，并投放了认证的广告费，两个条件均具备才能得到这张订单。

⑤ 当有多个订单可以选择的时候，应该按照何种标准或规则选取订单呢？一般来说，订单选取应特别注意考虑订单反映出来的账期、数量、金额和成本因素，根据自身的发展情况制定选取标准和规则（表 3-1-3）。

表 3-1-3 订单登记表

订单编号							合　计
市场							
产品							
数量							
销售额							
成本							
毛利							
规定交货期							
实际交货期							
货款账期							
货款收回期							

5. 安排生产

订单选取完毕后，各公司应根据订单登记表编制交货计划（表 3-1-4）。根据交货计划编制生产计划，根据生产计划安排生产线建设投产和原料采购计划（表 3-1-5～表 3-1-7）。

表 3-1-4 交货计划表

品　种	第 1 季度交货量	第 2 季度交货量	第 3 季度交货量	第 4 季度交货量	合计交货量
P1					
P2					
P3					
P4					

表 3-1-5　生产计划表

类　别		年初	第1季度	第2季度	第3季度	第4季度	数量合计	成本合计
完工产品数量	P1							
	P2							
	P3							
	P4							
投产产品数量	P1							
	P2							
	P3							
	P4							
在产产品数量	P1							
	P2							
	P3							
	P4							
交货产品数量	P1							
	P2							
	P3							
	P4							
剩余产品库存	P1							
	P2							
	P3							
	P4							

表 3-1-6　生产线建设与使用表

序　号	生产线	年初状态	第1季度	第2季度	第3季度	第4季度
1						
2						
3						
4						
5						
6						
7						
8						
9						
10						

表 3-1-7 采购计划表

类	别	年初数量	第1季度	第2季度	第3季度	第4季度	数量合计	成本合计
原料采购数量	R1							
	R2							
	R3							
	R4							
原料入库数量	R1							
	R2							
	R3							
	R4							
原料耗用数量	R1							
	R2							
	R3							
	R4							
原料库存剩余	R1							
	R2							
	R3							
	R4							

6. 编制预算

为了确保年度运营方案的顺利执行，需要整体筹划年度运营的现金流。各公司可以使用现金预算表（表 3-1-8）规划年度运营。

表 3-1-8 现金预算表　　　　　　　　　　　　　　　　　　单位：M

项　目	第1季度	第2季度	第3季度	第4季度
期初库存现金				
支付上年应交税				
市场广告投入				
贴现费用				
支付短贷利息				
支付到期短贷				
原材料采购支付现金				
转产费用				
生产线投资				
产品生产加工费				
收到现金前的所有支出				
产品研发现金支出				

续表

项　目	第1季度	第2季度	第3季度	第4季度
应收款到期收到现金				
支付管理费用				
购买/租用厂房支付现金				
支付设备维护费				
新市场开拓				
ISO资格投资				
计提折旧				（　）
库存现金余额				
融资安排				

要点记录

第1季度：_____

第2季度：_____

第3季度：_____

第4季度：_____

7. 记录运营过程

模拟企业在运行的过程中，为了防止经营混乱，我们设定了规定的操作流程。在经营的过程中各公司要完全按照每年度企业经营流程表的要求进行操作（表3-1-9）。

表3-1-9　企业经营流程表

操作顺序	请各公司CEO带领公司成员严格按顺序执行下列各项操作。每执行完一项操作，CEO请在相应的方格内打钩，公司各成员根据自己的职责在方格中填写现金、产品和原料等具体情况。				
	企业经营流程	第1季度	第2季度	第3季度	第4季度
年初	新年度规划会议				
	支付广告费/参加订货会/登记销售订单				
	制订新年度计划				
	支付应交税				
1	季初盘点（请填现金、产品或原料数量）				
2	更新短期贷款/短期贷款还本付息				
3	申请短期贷款				
4	更新应付款/归还应付款				
5	原材料入库/更新原料订单				
6	下原料订单				
7	更新生产/完工入库				

续表

操作顺序	请各公司 CEO 带领公司成员严格按顺序执行下列各项操作。每执行完一项操作，CEO 请在相应的方格内打钩，公司各成员根据自己的职责在方格中填写现金、产品和原料等具体情况。				
	企业经营流程	第1季度	第2季度	第3季度	第4季度
8	投资生产线/变卖生产线/生产线转产				
9	紧急采购原料/原料变现				
10	开始下一批生产				
11	更新应收款/应收款收现				
12	出售厂房				
13	紧急采购产品/出售库存产品				
14	按订单交货				
15	产品研发投资				
16	支付行政管理费				
17	其他现金收支情况登记				
18	收入合计（请填现金、产品或原料数量）				
19	支出合计（请填现金、产品或原料数量）				
20	季末对账（请填现金、产品或原料数量）				
年末	支付长贷利息/更新长期贷款				
	申请长期贷款				
	支付设备维护费				
	支付租金/购买厂房				
	计提折旧				（　）
	市场开拓/换取市场资格证				
	ISO 认证投资/ISO 资格换证				
	缴纳违约订单罚款				
	结账				

8. 编制财务报表

根据每一年的企业经营产生的数据，模拟经营的每一家企业都需要编制自己的财务报表。财务报表的制作顺序是先编制综合费用表（表 3-1-10），再编制损益表（表 3-1-11），最后编制资产负债表（表 3-1-12）。

表 3-1-10　综合费用表　　　　　　　　单位：M

序　号	项　目	金　额	备　注
1	管理费		
2	广告费		
3	维修费		
4	租金		

序 号	项 目	金 额	备 注
5	转产费		
6	市场准入开拓		□本地　□区域　□国内　□亚洲　□国际
7	ISO 资格认证		□ISO9000　　□ISO14000
8	产品研发		P1（　）　P2（　）　P3（　）　P4（　）
9	损失		
10	合计		

表 3-1-11　损益表　　　　　　　　　　　　　　　　　　　单位：M

序 号	项 目	去年数	今年数
1	销售收入		
2	直接成本		
3	毛利		
4	综合费用		
5	折旧前利润		
6	折旧		
7	支付利息前利润		
8	财务费用（利息+贴息）		
9	税前利润		
10	所得税		
11	净利润		

表 3-1-12　资产负债表　　　　　　　　　　　　　　　　　单位：M

序 号	资 产	年初数	年末数	负债和所有者权益	年初数	年末数
1	流动资产：			负债：		
2	现金			长期负债		
3	应收账款			一年内到期的长贷		
4	在制品			短期负债		
5	成品			应交税金		
6	原料					
7	流动资产合计			负债合计		
8	固定资产：			所有者权益：		
9	土地和建筑			股本		
10	机器与设备			利润留存		
11	在建工程			年度净利		
12	固定资产合计			所有者权益合计		
13	资产总计			负债和所有者权益总计		

9. 信息的搜集与整理

以对抗为目的的模拟经营过程需要我们随时关注市场以及竞争对手的状况。在对抗训练过程中，每一个模拟运行的企业都会收到一份市场需求的预测，每年结束后各个企业可以去查阅其他企业的财务报表，企业经营的策略是否正确，是否需要调整，这些信息都将为自己企业未来的决策提供最为有力的支撑。

我们要知道自己与对手相比的优劣势，要知道自己潜在的外部机会及面临的外部威胁，就必须有科学的方法进行环境分析以获取正确的信息，从而指导本企业科学决策。

实战中，不少公司努力着手于对手还原分析，力求通过外部数据推导出对手的内部决策状况，预测其下一步行动等。对手还原分析的主要内容一般有以下几方面。

① 对手生产规模：生产线数量预测。比较对产品数量的影响以至对利润的影响。

② 对手研发情况：了解对手的研发以推断其未来的潜力，分析对手的产品种类，选择相应战略。

③ 对手营销组合：通过市场分析判断对手的主要产品和目标市场，分析对手的广告、销售量，以此制订自己的营销计划。

④ 对手市场状况：通过分析对手市场的战略库存及意外库存情况，预测下期市场走势。

⑤ 对手财务状况：通过对财务的分析（包括原材料采购）了解对手的潜力。如对手某期已经迫于财务压力而压缩生产，而我们没有意识到财务问题而误以为该对手大量战略性库存，这无不影响本企业战略制定。

经营信息汇总见表3-1-13。

表3-1-13 经营信息汇总表

序号	信息类别	信息内容	备注
1	生产规模	手工线（　条）半自动线（　条）自动线（　条）柔性线（　条）	
2	产品研发	□P1　□P2　□P3　□P4	
3	市场占有	□本地　□区域　□国内　□亚洲　□国际	
4	资格认证	□ISO9000　□ISO14000	
5	库存产品	P1（　）P2（　）P3（　）P4（　）	
6	在制品	P1（　）P2（　）P3（　）P4（　）	
7	库存原料	R1（　）R2（　）R3（　）R4（　）	
8	在途原料	R1（　）R2（　）R3（　）R4（　）	
9	厂房	□大厂房　□小厂房	
10	财务状况	现金（　）应收款（　）长期贷款（　）短期贷款（　）	
11	其他		

10. 团队协作

团队协作完成各年度运营任务是本课程的典型特征。作为一个临时组成的团队，尽量缩短磨合期尽快进入角色是非常重要的。团队协作有两个重要的基础：一是相互信任；一是各司其职。在实际工作中，职责是立刻就可以划分明确的，而信任是在运营过程中逐步建立的。在团队协作中，必须相信每一位成员都有能力完成自己的工作，同时每个成员也应该尽忠值守，尽最大努力做好自己的本职工作。下面简要介绍了团队成员的主要职责，请各团队认真阅读下面的资料，仔细思考团队分工和自己的职责。

（1）总经理（CEO）

企业所有的重要决策均由首席执行官带领团队成员共同决定，如果大家意见相左，由 CEO 拍板决定。每年制订全年计划，所有人可由 CEO 调动。

（2）财务总监（CFO）

CFO 主要负责资金的筹集、管理；做好现金预算，管好用好资金；管好现金流，按需求支付各项费用，核算成本，按时报送财务报表并做好财务分析；进行现金预算，采用经济有效的方式筹集资金。

（3）营销总监（CMO）

CMO 主要负责开拓市场、实现销售。一方面稳定企业现有市场；另一方面要积极开拓新市场，争取更大的市场空间。应结合市场预测及客户需求制订销售计划；有选择地进行广告投放，取得与企业生产能力相匹配的客户订单；与生产部门做好沟通，保证按时交货给客户；监督货款的回收，进行客户关系的管理。同时还可以兼任商业间谍的角色，监控竞争对手的情况。

（4）生产总监（CPO）

CPO 负责公司生产、安全、仓储、保卫及现场管理方面的工作，协调完成生产计划，维持生产低成本稳定运行，并处理好有关的外部工作关系；生产计划的制订落实及生产和能源的调度控制，保持生产正常运行，及时交货；组织新产品研发，扩充并改进生产设备，不断降低生产成本；做好生产车间的现场管理，保证安全生产。

（5）采购总监（CLO）

CLO 确保在合适的时间点，采购合适的品种及数量的物资，为企业生产做好后勤保障。

11. 年度运营总结

每一次的总结都会成为企业下一步经营的一笔财富。年度运营结束后，各公司应总结本年度的运营情况，为下一步的经营打好基础。

年度运营总结的内容可以参考表 3-1-14。

表 3-1-14　年度运营总结表

1. 经过今年的经营，您觉得企业在哪些方面还存在不足？	
战略制定与执行	
产品研发	
生产管理	
人力资源管理	
市场营销	
财务	
其他	
2. 未来几年，您觉得企业应在哪些方面有所改进？	
战略制定与执行	
产品研发	
生产管理	
人力资源管理	
市场营销	
财务	
其他	
3. 经过今年的经营，您的哪些知识得到了应用？您还要学习哪些新知识？	
4. 您的哪些能力存在不足？哪些能力需要加强？	

【计划】

根据任务 3-1 的要求，认真阅读上述材料。请 CEO 组织公司全体成员根据上述材料中的问题结合沙盘模拟任务和运营规则展开讨论，明确时间安排和注意事项。

【决策】

经过小组商议，就沙盘模拟的主要任务梳理和规则运用作如下研讨安排（表 3-1-15）。

表 3-1-15　梳理运营任务研讨安排

讨论议题	梳理运营任务
主持人	
讨论时间	
讨论地点	
讨论流程	
发言要求	
记录员	

续表

讨论议题	梳理运营任务
决议方式	
决议宣读人	
记录要求	
其他	

【实施】

公司讨论记录见表 3-1-16。

表 3-1-16 ＿＿＿＿＿公司讨论记录

讨论议题	梳理运营任务
主持人	
讨论时间	
讨论地点	
记录员	
讨论记录	

续表

讨论议题	梳理运营任务
主持人	
讨论时间	
讨论地点	
记录员	
讨论记录	

【检查】

公司讨论决议见表 3-1-17。

表 3-1-17 ＿＿＿＿＿＿公司讨论决议

根据安排，我们公司全体成员认真讨论了沙盘运营的主要任务和规则运用问题。经过小组讨论，我们初步取得以下共识：

续表

＿＿＿＿＿＿＿公司 ＿＿年＿＿月＿＿日
成员签名：
记录员：
决议宣读人：

【评估】

梳理运营任务评估见表3-1-18。

表3-1-18 梳理运营任务评估表

自我评估	自我点评要点（侧重于发言内容之外的细节问题）：
组间评估	其他公司点评要点：
教师评估	教师点评要点：

任务 3-2　第 1 年运营对抗训练

【咨讯】

盈亏平衡分析又称保本点分析或本量利分析法，是根据产品的业务量（产量或销量）、成本、利润之间的相互制约关系的综合分析，用来预测利润、控制成本、判断经营状况的一种数学分析方法。

企业利润是销售收入扣除成本后的余额；销售收入是产品销售量与销售单价的乘积；产品成本包括工厂成本和销售费用在内的总成本，分为固定成本和变动成本。变动成本指总额随产量的增减而成正比例关系变化的成本，主要包括原材料和计件工资，就单件产品而言，变动成本部分是不变的；固定成本是指总额在一定期间和一定业务量范围内不随产量的增减而变动的成本，主要是指固定资产折旧和管理费用。当利润为零时，收入 = 成本。这样可以得出：

盈亏平衡点(销售量) = 固定成本 /(单价 − 单位变动成本)

【计划】

请根据任务 3-2 的要求，由 CEO 组织公司全体成员认真讨论第 1 年各种产品和不同市场的需求状况，明确时间安排和注意事项，制订年度运营计划，并根据计划完成年度各项运营任务。

【决策】

经过小组商议，就第 1 年实战运营任务作如下研讨安排（表 3-2-1）。

表 3-2-1　＿＿＿＿＿＿公司第 1 年运营研讨安排

讨论议题	第 1 年运营
主持人	
讨论时间	
讨论地点	
讨论流程	
发言要求	
记录员	
决议方式	
决议宣读人	
记录要求	
其他	

【实施】

第 1 年运营对抗训练实施见表 3-2-2～表 3-2-19。

表 3-2-2 ＿＿＿＿＿公司第 1 年广告投放表　　　　单位：M

市　场	P1	P2	P3	P4	ISO9000	ISO14000	合　计
本地							
区域							
国内							
亚洲							
国际							
合计							

表 3-2-3 ＿＿＿＿＿公司第 1 年订单登记表

订单编号					合　计
市场					
产品					
数量					
销售额					
成本					
毛利					
规定交货期					
实际交货期					
货款账期					
货款收回期					

表 3-2-4 ＿＿＿＿＿公司第 1 年交货计划表

品　种	第 1 季度交货量	第 2 季度交货量	第 3 季度交货量	第 4 季度交货量	合计交货量
P1					
P2					
P3					
P4					

表 3-2-5 ＿＿＿＿＿＿公司第 1 年生产计划表

类别		年初	第1季度	第2季度	第3季度	第4季度	数量合计	成本合计
完工产品数量	P1							
	P2							
	P3							
	P4							
投产产品数量	P1							
	P2							
	P3							
	P4							
在产产品数量	P1							
	P2							
	P3							
	P4							
交货产品数量	P1							
	P2							
	P3							
	P4							
剩余产品库存	P1							
	P2							
	P3							
	P4							

表 3-2-6 ＿＿＿＿＿＿公司第 1 年生产线建设与使用表

序号	生产线	年初状态	第1季度	第2季度	第3季度	第4季度
1						
2						
3						
4						
5						
6						
7						
8						
9						
10						

表 3-2-7 _____公司第 1 年采购计划表

类别		年初数量	第1季度	第2季度	第3季度	第4季度	数量合计	成本合计
原料采购数量	R1							
	R2							
	R3							
	R4							
原料入库数量	R1							
	R2							
	R3							
	R4							
原料耗用数量	R1							
	R2							
	R3							
	R4							
原料库存剩余	R1							
	R2							
	R3							
	R4							

表 3-2-8 _____公司第 1 年现金预算表　　　　单位：M

项目	第1季度	第2季度	第3季度	第4季度
期初库存现金				
支付上年应交税				
市场广告投入				
贴现费用				
支付短贷利息				
支付到期短贷				
原材料采购支付现金				
转产费用				
生产线投资				
产品生产加工费				
收到现金前的所有支出				
产品研发现金支出				
应收款到期收到现金				
支付管理费用				
购买/租用厂房支付现金				

续表

项 目	第1季度	第2季度	第3季度	第4季度
支付设备维护费				
新市场开拓				
ISO资格投资				
计提折旧				( )
库存现金余额				
融资安排				

要点记录

第1季度：_____

第2季度：_____

第3季度：_____

第4季度：_____

表3-2-9　　_____公司第1年企业经营流程表

操作顺序	请各公司CEO带领公司成员严格按顺序执行下列各项操作。每执行完一项操作，CEO请在相应的方格内打钩，公司各成员根据自己的职责在方格中填写现金、产品和原料等具体情况。				
	企业经营流程	第1季度	第2季度	第3季度	第4季度
年初	新年度规划会议				
	支付广告费/参加订货会/登记销售订单				
	制订新年度计划				
	支付应交税				
1	季初盘点（请填现金、产品或原料数量）				
2	更新短期贷款/短期贷款还本付息				
3	申请短期贷款				
4	更新应付款/归还应付款				
5	原材料入库/更新原料订单				
6	下原料订单				
7	更新生产/完工入库				
8	投资生产线/变卖生产线/生产线转产				
9	紧急采购原料/原料变现				
10	开始下一批生产				
11	更新应收款/应收款收现				
12	出售厂房				

续表

操作顺序	请各公司 CEO 带领公司成员严格按顺序执行下列各项操作。每执行完一项操作，CEO 请在相应的方格内打钩，公司各成员根据自己的职责在方格中填写现金、产品和原料等具体情况。				
	企业经营流程	第1季度	第2季度	第3季度	第4季度
13	紧急采购产品/出售库存产品				
14	按订单交货				
15	产品研发投资				
16	支付行政管理费				
17	其他现金收支情况登记				
18	收入合计（请填现金、产品或原料数量）				
19	支出合计（请填现金、产品或原料数量）				
20	季末对账（请填现金、产品或原料数量）				
年末	支付长贷利息/更新长期贷款				
	申请长期贷款				
	支付设备维护费				
	支付租金/购买厂房				
	计提折旧				（　）
	市场开拓/换取市场资格证				
	ISO 认证投资/ISO 资格换证				
	缴纳违约订单罚款				
	结账				

表 3-2-10　　　　　　　公司第 1 年综合费用表　　　　单位：M

序号	项目	金额	备注
1	管理费		
2	广告费		
3	维修费		
4	租金		
5	转产费		
6	市场准入开拓		□本地　□区域　□国内　□亚洲　□国际
7	ISO 资格认证		□ISO9000　　□ISO14000
8	产品研发		P1（　）　P2（　）　P3（　）　P4（　）
9	损失		
10	合计		

表 3-2-11 _____公司第 1 年损益表 单位：M

序号	项目	去年数	今年数
1	销售收入		
2	直接成本		
3	毛利		
4	综合费用		
5	折旧前利润		
6	折旧		
7	支付利息前利润		
8	财务费用（利息+贴息）		
9	税前利润		
10	所得税		
11	净利润		

表 3-2-12 _____公司第 1 年资产负债表 单位：M

序号	资产	年初数	年末数	负债和所有者权益	年初数	年末数
1	流动资产：			负债：		
2	现金			长期负债		
3	应收账款			一年内到期的长贷		
4	在制品			短期负债		
5	成品			应交税金		
6	原料					
7	流动资产合计			负债合计		
8	固定资产：			所有者权益：		
9	土地和建筑			股本		
10	机器与设备			利润留存		
11	在建工程			年度净利		
12	固定资产合计			所有者权益合计		
13	资产总计			负债和所有者权益总计		

表 3-2-13 ＿＿＿＿＿＿公司第 1 年经营信息汇总表（一）

序号	信息类别	信息内容	备注
1	生产规模	手工线（　条）半自动线（　条）自动线（　条）柔性线（　条）	
2	产品研发	□P1　□P2　□P3　□P4	
3	市场占有	□本地　□区域　□国内　□亚洲　□国际	
4	资格认证	□ISO9000　□ISO14000	
5	库存产品	P1（　）P2（　）P3（　）P4（　）	
6	在制品	P1（　）P2（　）P3（　）P4（　）	
7	库存原料	R1（　）R2（　）R3（　）R4（　）	
8	在途原料	R1（　）R2（　）R3（　）R4（　）	
9	厂房	□大厂房　□小厂房	
10	财务状况	现金（　）应收款（　）长期贷款（　）短期贷款（　）	
11	其他		

表 3-2-14 ＿＿＿＿＿＿公司第 1 年经营信息汇总表（二）

序号	信息类别	信息内容	备注
1	生产规模	手工线（　条）半自动线（　条）自动线（　条）柔性线（　条）	
2	产品研发	□P1　□P2　□P3　□P4	
3	市场占有	□本地　□区域　□国内　□亚洲　□国际	
4	资格认证	□ISO9000　□ISO14000	
5	库存产品	P1（　）P2（　）P3（　）P4（　）	
6	在制品	P1（　）P2（　）P3（　）P4（　）	
7	库存原料	R1（　）R2（　）R3（　）R4（　）	
8	在途原料	R1（　）R2（　）R3（　）R4（　）	
9	厂房	□大厂房　□小厂房	
10	财务状况	现金（　）应收款（　）长期贷款（　）短期贷款（　）	
11	其他		

表 3-2-15　_____公司第 1 年经营信息汇总表（三）

序号	信息类别	信息内容	备注
1	生产规模	手工线（　条）半自动线（　条）自动线（　条）柔性线（　条）	
2	产品研发	□P1　□P2　□P3　□P4	
3	市场占有	□本地　□区域　□国内　□亚洲　□国际	
4	资格认证	□ISO9000　□ISO14000	
5	库存产品	P1（　　）P2（　　）P3（　　）P4（　　）	
6	在制品	P1（　　）P2（　　）P3（　　）P4（　　）	
7	库存原料	R1（　　）R2（　　）R3（　　）R4（　　）	
8	在途原料	R1（　　）R2（　　）R3（　　）R4（　　）	
9	厂房	□大厂房　□小厂房	
10	财务状况	现金（　　）应收款（　　）长期贷款（　　）短期贷款（　　）	
11	其他		

表 3-2-16　_____公司第 1 年经营信息汇总表（四）

序号	信息类别	信息内容	备注
1	生产规模	手工线（　条）半自动线（　条）自动线（　条）柔性线（　条）	
2	产品研发	□P1　□P2　□P3　□P4	
3	市场占有	□本地　□区域　□国内　□亚洲　□国际	
4	资格认证	□ISO9000　□ISO14000	
5	库存产品	P1（　　）P2（　　）P3（　　）P4（　　）	
6	在制品	P1（　　）P2（　　）P3（　　）P4（　　）	
7	库存原料	R1（　　）R2（　　）R3（　　）R4（　　）	
8	在途原料	R1（　　）R2（　　）R3（　　）R4（　　）	
9	厂房	□大厂房　□小厂房	
10	财务状况	现金（　　）应收款（　　）长期贷款（　　）短期贷款（　　）	
11	其他		

表 3-2-17 ＿＿＿＿＿＿公司第 1 年经营信息汇总表（五）

序号	信息类别	信息内容	备注
1	生产规模	手工线（　条）半自动线（　条）自动线（　条）柔性线（　条）	
2	产品研发	□P1　□P2　□P3　□P4	
3	市场占有	□本地　□区域　□国内　□亚洲　□国际	
4	资格认证	□ISO9000　□ISO14000	
5	库存产品	P1（　）P2（　）P3（　）P4（　）	
6	在制品	P1（　）P2（　）P3（　）P4（　）	
7	库存原料	R1（　）R2（　）R3（　）R4（　）	
8	在途原料	R1（　）R2（　）R3（　）R4（　）	
9	厂房	□大厂房　□小厂房	
10	财务状况	现金（　）应收款（　）长期贷款（　）短期贷款（　）	
11	其他		

表 3-2-18 ＿＿＿＿＿＿公司第 1 年经营信息汇总表（六）

序号	信息类别	信息内容	备注
1	生产规模	手工线（　条）半自动线（　条）自动线（　条）柔性线（　条）	
2	产品研发	□P1　□P2　□P3　□P4	
3	市场占有	□本地　□区域　□国内　□亚洲　□国际	
4	资格认证	□ISO9000　□ISO14000	
5	库存产品	P1（　）P2（　）P3（　）P4（　）	
6	在制品	P1（　）P2（　）P3（　）P4（　）	
7	库存原料	R1（　）R2（　）R3（　）R4（　）	
8	在途原料	R1（　）R2（　）R3（　）R4（　）	
9	厂房	□大厂房　□小厂房	
10	财务状况	现金（　）应收款（　）长期贷款（　）短期贷款（　）	
11	其他		

表 3-2-19 　　　　　　公司第 1 年经营信息汇总表（七）

序号	信息类别	信息内容	备注
1	生产规模	手工线（　条）半自动线（　条）自动线（　条）柔性线（　条）	
2	产品研发	□P1　□P2　□P3　□P4	
3	市场占有	□本地　□区域　□国内　□亚洲　□国际	
4	资格认证	□ISO9000　□ISO14000	
5	库存产品	P1（　　）P2（　　）P3（　　）P4（　　）	
6	在制品	P1（　　）P2（　　）P3（　　）P4（　　）	
7	库存原料	R1（　　）R2（　　）R3（　　）R4（　　）	
8	在途原料	R1（　　）R2（　　）R3（　　）R4（　　）	
9	厂房	□大厂房　□小厂房	
10	财务状况	现金（　　）应收款（　　）长期贷款（　　）短期贷款（　　）	
11	其他		

【检查】

公司第 1 年运行计划完成情况见表 3-2-20。

表 3-2-20 　　　　　　公司第 1 年运行计划完成情况

观测指标		计划情况	实际执行情况
销售预算	销售数量		
	单价		
	销售收入		
最大可交货量（最大可受订单）	库存		
	生产能力		
经营规划	生产计划		
	采购计划		
设备投资规划	厂房投资或租赁计划		
	设备转产、新购或变卖计划		
营销策划方案	广告方案		
	市场开发计划		
	产品研发计划		
	资格认证计划		
融资计划	资金预算		
	融资计划		

【评估】

公司第 1 年年度运营总结见表 3-2-21。

表 3-2-21 ＿＿＿＿＿＿公司第 1 年年度运营总结

1. 经过今年的经营,您觉得企业在哪些方面还存在不足?	
战略制定与执行	
产品研发	
生产管理	
人力资源管理	
市场营销	
财务	
其他	
2. 未来几年,您觉得企业应在哪些方面有所改进?	
战略制定与执行	
产品研发	
生产管理	
人力资源管理	
市场营销	
财务	
其他	
3. 经过今年的经营,您的哪些知识得到了应用?您还要学习哪些新知识?	
4. 您的哪些能力存在不足?哪些能力需要加强?	

任务 3-3　第 2 年运营对抗训练

【咨讯】

预算作为一种数量化的详细计划，它是对未来活动的细致、周密安排，是未来经营活动的依据，数量化和可执行性是预算最主要的特征，因此，预算是一种可以据以执行和控制经济活动的、最为具体的计划，是对目标的具体化，是将企业活动导向预定目标的有力工具。

全面预算是企业在一定的时期内（一般为一年）各项业务活动、财务表现等方面的总体预测。它包括经营预算（如开发预算、销售预算、销售费用预算、管理费用预算等）和财务预算（如投资预算、资金预算、预计利润表、预计资产负债表等）。

全面预算管理是指企业为了实现战略规划和经营目标，对预定期内的经营活动、投资活动和财务活动，通过预算量化的方式进行合理的规划、预测，并以预算为准绳，对预算的执行过程和结果进行控制、调整、分析、考评的管理活动，是一个全员、全业务、全过程的管理体系，是实现战略目标、提升经营绩效、实现企业内控的有力工具，也是企业防范风险、应对危机的法宝。

全面预算管理作为对现代企业成熟与发展起过重大推动作用的管理系统，是企业内部管理控制的一种主要方法。这一方法自从 20 世纪 20 年代在美国的通用电气、杜邦、通用汽车公司产生之后，很快就成了大型工商企业的标准作业程序。从最初的计划、协调，发展到现在的兼具控制、激励、评价等诸多功能的一种综合贯彻企业经营战略的管理工具，全面预算管理在企业内部控制中日益发挥核心作用。正如著名管理学家戴维·奥利所说的，全面预算管理是为数不多的几个能把企业的所有关键问题融合于一个体系之中的管理控制方法之一。

【计划】

请根据任务 3-3 的要求，由 CEO 组织公司全体成员认真讨论第 2 年各种产品和不同市场的需求状况，明确时间安排和注意事项，制订年度运营计划，并根据计划完成年度各项运营任务。

【决策】

经过小组商议，就第 2 年实战运营任务作如下研讨安排（表 3-3-1）。

表 3-3-1 ＿＿＿＿＿＿公司第 2 年运营研讨安排

讨论议题	第 2 年运营
主持人	
讨论时间	
讨论地点	
讨论流程	
发言要求	
记录员	
决议方式	
决议宣读人	
记录要求	
其他	

【实施】

第 2 年公司运营对抗训练实施见表 3-3-2 ～ 表 3-3-19。

表 3-3-2 ＿＿＿＿＿＿公司第 2 年广告投放表　　　单位：M

市　场	P1	P2	P3	P4	ISO9000	ISO14000	合　计
本地							
区域							
国内							
亚洲							
国际							
合计							

表 3-3-3 ＿＿＿＿＿＿公司第 2 年订单登记表

订单编号								合　计
市场								
产品								
数量								
销售额								
成本								
毛利								
规定交货期								
实际交货期								
货款账期								
货款收回期								

表 3-3-4 _____公司第 2 年交货计划表

品　种	第 1 季度交货量	第 2 季度交货量	第 3 季度交货量	第 4 季度交货量	合计交货量
P1					
P2					
P3					
P4					

表 3-3-5 _____公司第 2 年生产计划表

类　别		年　初	第 1 季度	第 2 季度	第 3 季度	第 4 季度	数量合计	成本合计
完工产品数量	P1							
	P2							
	P3							
	P4							
投产产品数量	P1							
	P2							
	P3							
	P4							
在产产品数量	P1							
	P2							
	P3							
	P4							
交货产品数量	P1							
	P2							
	P3							
	P4							
剩余产品库存	P1							
	P2							
	P3							
	P4							

表 3-3-6 _____公司第 2 年生产线建设与使用表

序　号	生产线	年初状态	第 1 季度	第 2 季度	第 3 季度	第 4 季度
1						
2						
3						
4						
5						
6						
7						
8						
9						
10						

表 3-3-7 ＿＿＿＿＿＿公司第 2 年采购计划表

类　别		年初数量	第 1 季度	第 2 季度	第 3 季度	第 4 季度	数量合计	成本合计
原料采购数量	R1							
	R2							
	R3							
	R4							
原料入库数量	R1							
	R2							
	R3							
	R4							
原料耗用数量	R1							
	R2							
	R3							
	R4							
原料库存剩余	R1							
	R2							
	R3							
	R4							

表 3-3-8 ＿＿＿＿＿＿公司第 2 年现金预算表　　　　单位：M

项　目	第 1 季度	第 2 季度	第 3 季度	第 4 季度
期初库存现金				
支付上年应交税				
市场广告投入				
贴现费用				
支付短贷利息				
支付到期短贷				
原材料采购支付现金				
转产费用				
生产线投资				
产品生产加工费				
收到现金前的所有支出				
产品研发现金支出				
应收款到期收到现金				
支付管理费用				
购买/租用厂房支付现金				
支付设备维护费				
新市场开拓				
ISO 资格投资				
计提折旧				（　　）
库存现金余额				
融资安排				

要点记录

第1季度：＿＿＿＿＿＿＿＿＿＿＿＿＿＿＿＿＿＿＿＿＿＿＿＿＿＿＿

第2季度：＿＿＿＿＿＿＿＿＿＿＿＿＿＿＿＿＿＿＿＿＿＿＿＿＿＿＿

第3季度：＿＿＿＿＿＿＿＿＿＿＿＿＿＿＿＿＿＿＿＿＿＿＿＿＿＿＿

第4季度：＿＿＿＿＿＿＿＿＿＿＿＿＿＿＿＿＿＿＿＿＿＿＿＿＿＿＿

表3－3－9　＿＿＿＿＿＿＿公司第2年企业经营流程表

操作顺序	企业经营流程	第1季度	第2季度	第3季度	第4季度
	请各公司CEO带领公司成员严格按顺序执行下列各项操作。每执行完一项操作，CEO请在相应的方格内打钩，公司各成员根据自己的职责在方格中填写现金、产品和原料等具体情况。				
年初	新年度规划会议				
	支付广告费/参加订货会/登记销售订单				
	制订新年度计划				
	支付应交税				
1	季初盘点（请填现金、产品或原料数量）				
2	更新短期贷款/短期贷款还本付息				
3	申请短期贷款				
4	更新应付款/归还应付款				
5	原材料入库/更新原料订单				
6	下原料订单				
7	更新生产/完工入库				
8	投资生产线/变卖生产线/生产线转产				
9	紧急采购原料/原料变现				
10	开始下一批生产				
11	更新应收款/应收款收现				
12	出售厂房				
13	紧急采购产品/出售库存产品				
14	按订单交货				
15	产品研发投资				
16	支付行政管理费				
17	其他现金收支情况登记				
18	收入合计（请填现金、产品或原料数量）				
19	支出合计（请填现金、产品或原料数量）				
20	季末对账（请填现金、产品或原料数量）				
年末	支付长贷利息/更新长期贷款				
	申请长期贷款				
	支付设备维护费				
	支付租金/购买厂房				
	计提折旧				（　）
	市场开拓/换取市场资格证				
	ISO认证投资/ISO资格换证				
	缴纳违约订单罚款				
	结账				

表 3-3-10 　　　　　　　公司第 2 年综合费用表　　　　　单位：M

序号	项目	金额	备注
1	管理费		
2	广告费		
3	维修费		
4	租金		
5	转产费		
6	市场准入开拓		□本地　□区域　□国内　□亚洲　□国际
7	ISO 资格认证		□ISO9000　　□ISO14000
8	产品研发		P1（　）　P2（　）　P3（　）　P4（　）
9	损失		
10	合计		

表 3-3-11 　　　　　　　公司第 2 年损益表　　　　　单位：M

序号	项目	去年数	今年数
1	销售收入		
2	直接成本		
3	毛利		
4	综合费用		
5	折旧前利润		
6	折旧		
7	支付利息前利润		
8	财务费用（利息+贴息）		
9	税前利润		
10	所得税		
11	净利润		

表 3-3-12 　　　　　　　公司第 2 年资产负债表　　　　　单位：M

序号	资产	年初数	年末数	负债和所有者权益	年初数	年末数
1	流动资产：			负债：		
2	现金			长期负债		
3	应收账款			一年内到期的长贷		
4	在制品			短期负债		
5	成品			应交税金		
6	原料					
7	流动资产合计			负债合计		
8	固定资产：			所有者权益：		
9	土地和建筑			股本		

续表

序号	资产	年初数	年末数	负债和所有者权益	年初数	年末数
10	机器与设备			利润留存		
11	在建工程			年度净利		
12	固定资产合计			所有者权益合计		
13	资产总计			负债和所有者权益总计		

表 3-3-13　　　　　　　公司第 2 年经营信息汇总表（一）

序号	信息类别	信息内容	备注
1	生产规模	手工线（　条）半自动线（　条）自动线（　条）柔性线（　条）	
2	产品研发	□P1　□P2　□P3　□P4	
3	市场占有	□本地　□区域　□国内　□亚洲　□国际	
4	资格认证	□ISO9000　□ISO14000	
5	库存产品	P1（　）P2（　）P3（　）P4（　）	
6	在制品	P1（　）P2（　）P3（　）P4（　）	
7	库存原料	R1（　）R2（　）R3（　）R4（　）	
8	在途原料	R1（　）R2（　）R3（　）R4（　）	
9	厂房	□大厂房　□小厂房	
10	财务状况	现金（　）应收款（　）长期贷款（　）短期贷款（　）	
11	其他		

表 3-3-14　　　　　　　公司第 2 年经营信息汇总表（二）

序号	信息类别	信息内容	备注
1	生产规模	手工线（　条）半自动线（　条）自动线（　条）柔性线（　条）	
2	产品研发	□P1　□P2　□P3　□P4	
3	市场占有	□本地　□区域　□国内　□亚洲　□国际	
4	资格认证	□ISO9000　□ISO14000	
5	库存产品	P1（　）P2（　）P3（　）P4（　）	
6	在制品	P1（　）P2（　）P3（　）P4（　）	
7	库存原料	R1（　）R2（　）R3（　）R4（　）	
8	在途原料	R1（　）R2（　）R3（　）R4（　）	
9	厂房	□大厂房　□小厂房	
10	财务状况	现金（　）应收款（　）长期贷款（　）短期贷款（　）	
11	其他		

表 3-3-15　　　　　　　　　公司第 2 年经营信息汇总表（三）

序号	信息类别	信息内容	备注
1	生产规模	手工线（　条）半自动线（　条）自动线（　条）柔性线（　条）	
2	产品研发	□P1　□P2　□P3　□P4	
3	市场占有	□本地　□区域　□国内　□亚洲　□国际	
4	资格认证	□ISO9000　□ISO14000	
5	库存产品	P1（　）P2（　）P3（　）P4（　）	
6	在制品	P1（　）P2（　）P3（　）P4（　）	
7	库存原料	R1（　）R2（　）R3（　）R4（　）	
8	在途原料	R1（　）R2（　）R3（　）R4（　）	
9	厂房	□大厂房　□小厂房	
10	财务状况	现金（　）应收款（　）长期贷款（　）短期贷款（　）	
11	其他		

表 3-3-16　　　　　　　　　公司第 2 年经营信息汇总表（四）

序号	信息类别	信息内容	备注
1	生产规模	手工线（　条）半自动线（　条）自动线（　条）柔性线（　条）	
2	产品研发	□P1　□P2　□P3　□P4	
3	市场占有	□本地　□区域　□国内　□亚洲　□国际	
4	资格认证	□ISO9000　□ISO14000	
5	库存产品	P1（　）P2（　）P3（　）P4（　）	
6	在制品	P1（　）P2（　）P3（　）P4（　）	
7	库存原料	R1（　）R2（　）R3（　）R4（　）	
8	在途原料	R1（　）R2（　）R3（　）R4（　）	
9	厂房	□大厂房　□小厂房	
10	财务状况	现金（　）应收款（　）长期贷款（　）短期贷款（　）	
11	其他		

表 3-3-17 ＿＿＿＿＿＿公司第 2 年经营信息汇总表（五）

序号	信息类别	信息内容	备注
1	生产规模	手工线（ 条）半自动线（ 条）自动线（ 条）柔性线（ 条）	
2	产品研发	□P1 □P2 □P3 □P4	
3	市场占有	□本地 □区域 □国内 □亚洲 □国际	
4	资格认证	□ISO9000 □ISO14000	
5	库存产品	P1（ ）P2（ ）P3（ ）P4（ ）	
6	在制品	P1（ ）P2（ ）P3（ ）P4（ ）	
7	库存原料	R1（ ）R2（ ）R3（ ）R4（ ）	
8	在途原料	R1（ ）R2（ ）R3（ ）R4（ ）	
9	厂房	□大厂房 □小厂房	
10	财务状况	现金（ ）应收款（ ）长期贷款（ ）短期贷款（ ）	
11	其他		

表 3-3-18 ＿＿＿＿＿＿公司第 2 年经营信息汇总表（六）

序号	信息类别	信息内容	备注
1	生产规模	手工线（ 条）半自动线（ 条）自动线（ 条）柔性线（ 条）	
2	产品研发	□P1 □P2 □P3 □P4	
3	市场占有	□本地 □区域 □国内 □亚洲 □国际	
4	资格认证	□ISO9000 □ISO14000	
5	库存产品	P1（ ）P2（ ）P3（ ）P4（ ）	
6	在制品	P1（ ）P2（ ）P3（ ）P4（ ）	
7	库存原料	R1（ ）R2（ ）R3（ ）R4（ ）	
8	在途原料	R1（ ）R2（ ）R3（ ）R4（ ）	
9	厂房	□大厂房 □小厂房	
10	财务状况	现金（ ）应收款（ ）长期贷款（ ）短期贷款（ ）	
11	其他		

表 3-3-19 ＿＿＿＿＿＿公司第 2 年经营信息汇总表（七）

序号	信息类别	信息内容	备注
1	生产规模	手工线（ ）条 半自动线（ ）条 自动线（ ）条 柔性线（ ）条	
2	产品研发	□P1 □P2 □P3 □P4	
3	市场占有	□本地 □区域 □国内 □亚洲 □国际	
4	资格认证	□ISO9000 □ISO14000	
5	库存产品	P1（ ）P2（ ）P3（ ）P4（ ）	
6	在制品	P1（ ）P2（ ）P3（ ）P4（ ）	
7	库存原料	R1（ ）R2（ ）R3（ ）R4（ ）	
8	在途原料	R1（ ）R2（ ）R3（ ）R4（ ）	
9	厂房	□大厂房 □小厂房	
10	财务状况	现金（ ）应收款（ ）长期贷款（ ）短期贷款（ ）	
11	其他		

【检查】

公司第 2 年运行计划完成情况见表 3-3-20。

表 3-3-20 ＿＿＿＿＿＿公司第 2 年运行计划完成情况

观测指标		计划情况	实际执行情况
销售预算	销售数量		
	单价		
	销售收入		
最大可交货量（最大可受订单）	库存		
	生产能力		
经营规划	生产计划		
	采购计划		
设备投资规划	厂房投资或租赁计划		
	设备转产、新购或变卖计划		
营销策划方案	广告方案		
	市场开发计划		
	产品研发计划		
	资格认证计划		
融资计划	资金预算		
	融资计划		

【评估】

公司第 2 年年度运营总结见表 3-3-21。

表 3-3-21 _____公司第 2 年年度运营总结

1. 经过今年的经营,您觉得企业在哪些方面还存在不足?	
战略制定与执行	
产品研发	
生产管理	
人力资源管理	
市场营销	
财务	
其他	
2. 未来几年,您觉得企业应在哪些方面有所改进?	
战略制定与执行	
产品研发	
生产管理	
人力资源管理	
市场营销	
财务	
其他	
3. 经过今年的经营,您的哪些知识得到了应用?您还要学习哪些新知识?	
4. 您的哪些能力存在不足?哪些能力需要加强?	

任务 3-4　第 3 年运营对抗训练

【咨讯】

杜邦分析法是在考虑各财务比率内在联系的条件下，通过制定多种比率的综合财务分析体系来考察企业财务状况的一种分析方法。由美国杜邦公司率先采用，故称为杜邦体系分析法。它主要是通过杜邦分析图将有关指标按内在联系加以排列，从而直观地反映出企业的财务状况和经营成果的总体面貌。

杜邦分析法从两个角度分析了财务状况：一是对内部管理因素进行了分析；二是对资本结构和风险进行了分析，反映了一些财务指标之间的关系。

净资产收益率 = 总资产收益率 × 权益乘数

总资产收益率 = 销售净利率 × 总资产周转率

销售净利率 = 净利润 / 销售收入

总资产周转率 = 销售收入 / 总资产

权益乘数 = 1 / (1 − 资产负债率)

资产负债率 = 负债总额 / 总资产

净资产收益率是综合性最强的财务比率，是杜邦分析系统的核心。它反映所有者投入资本的获利能力，同时反映企业筹资、投资、资产运营等活动的效率。决定净资产收益率高低的因素有三个方面——权益乘数、销售净利率和总资产周转率。权益乘数、销售净利率和总资产周转率三个比率分别反映了企业的负债比率、盈利能力比率和资产管理比率。

资产净利率是一个综合性的指标，也是一个重要的财务比率，综合性较强。它是销售净利率和总资产周转率的乘积，因此，要进一步从销售成果和资产营运两方面来分析。销售净利率反映了企业利润总额与销售收入的关系，从这个意义上看提高销售净利率是提高企业盈利能力的关键所在。要想提高销售净利率：一是要扩大销售收入；二是降低成本费用。而降低各项成本费用开支是企业财务管理的一项重要内容。通过将制造费用、管理费用、财务费用、销售费用等各项成本费用开支列支出来，有利于企业进行成本费用的结构分析，加强成本控制，以便为寻求降低成本费用的途径提供依据。要提高总资产周转率，则需要提高资产的利用效率，减少资金闲置，加速资金周转。

权益乘数反映企业的负债能力。这个指标越高，说明企业资产总额中的大部分是通过负债形成。给企业带来较多的杠杆利益，同时也给企业带来了较多的风险。而这个指标低，说明企业的财务政策比较稳健，较少负债，风险也小，但获得超额收益的机会也不会很多。

杜邦分析既涉及企业获利能力方面的指标（净资产收益率、销售利润率），也涉及营运能力方面的指标（总资产周转率），同时还涉及举债能力指标（权益乘数），可以说杜邦分析法是一个三足鼎立的财务分析方法。

【计划】

请根据任务3-4的要求，由CEO组织公司全体成员认真讨论第3年各种产品和不同市场的需求状况，明确时间安排和注意事项，制订年度运营计划，并根据计划完成年度各项运营任务。

【决策】

经过小组商议，就第3年实战运营任务作如下研讨安排（表3-4-1）。

表3-4-1　　　　　　　　公司第3年运营研讨安排

讨论议题	第3年运营
主持人	
讨论时间	
讨论地点	
讨论流程	
发言要求	
记录员	
决议方式	
决议宣读人	
记录要求	
其他	

【实施】

第3年公司运营对抗训练实施见表3-4-2～表3-4-19。

表3-4-2　　　　　　　　公司第3年广告投放表　　　　　　　　单位：M

市场	P1	P2	P3	P4	ISO9000	ISO14000	合计
本地							
区域							
国内							
亚洲							
国际							
合计							

表 3-4-3 ＿＿＿＿＿＿公司第 3 年订单登记表

订单编号						合　计
市场						
产品						
数量						
销售额						
成本						
毛利						
规定交货期						
实际交货期						
货款账期						
货款收回期						

表 3-4-4 ＿＿＿＿＿＿公司第 3 年交货计划表

品　种	第 1 季度交货量	第 2 季度交货量	第 3 季度交货量	第 4 季度交货量	合计交货量
P1					
P2					
P3					
P4					

表 3-4-5 ＿＿＿＿＿＿公司第 3 年生产计划表

类　别		年初	第 1 季度	第 2 季度	第 3 季度	第 4 季度	数量合计	成本合计
完工产品数量	P1							
	P2							
	P3							
	P4							
投产产品数量	P1							
	P2							
	P3							
	P4							
在产产品数量	P1							
	P2							
	P3							
	P4							

续表

类　别		年初	第1季度	第2季度	第3季度	第4季度	数量合计	成本合计
交货产品数量	P1							
	P2							
	P3							
	P4							
剩余产品库存	P1							
	P2							
	P3							
	P4							

表3－4－6　　　　　　　　公司第3年生产线建设与使用表

序　号	生产线	年初状态	第1季度	第2季度	第3季度	第4季度
1						
2						
3						
4						
5						
6						
7						
8						
9						
10						

表3－4－7　　　　　　　　公司第3年采购计划表

类　别		年初数量	第1季度	第2季度	第3季度	第4季度	数量合计	成本合计
原料采购数量	R1							
	R2							
	R3							
	R4							
原料入库数量	R1							
	R2							
	R3							
	R4							
原料耗用数量	R1							
	R2							
	R3							
	R4							

续表

类别		年初数量	第1季度	第2季度	第3季度	第4季度	数量合计	成本合计
原料库存剩余	R1							
	R2							
	R3							
	R4							

表3-4-8 ＿＿＿＿＿公司第3年现金预算表　　　单位：M

项　目	第1季度	第2季度	第3季度	第4季度
期初库存现金				
支付上年应交税				
市场广告投入				
贴现费用				
支付短贷利息				
支付到期短贷				
原材料采购支付现金				
转产费用				
生产线投资				
产品生产加工费				
收到现金前的所有支出				
产品研发现金支出				
应收款到期收到现金				
支付管理费用				
购买/租用厂房支付现金				
支付设备维护费				
新市场开拓				
ISO资格投资				
计提折旧				（　　）
库存现金余额				
融资安排				

要点记录

第1季度：＿＿＿＿＿＿＿＿＿＿＿＿＿＿＿＿＿＿＿＿＿＿＿＿＿＿＿＿＿＿＿＿

第2季度：＿＿＿＿＿＿＿＿＿＿＿＿＿＿＿＿＿＿＿＿＿＿＿＿＿＿＿＿＿＿＿＿

第3季度：＿＿＿＿＿＿＿＿＿＿＿＿＿＿＿＿＿＿＿＿＿＿＿＿＿＿＿＿＿＿＿＿

第4季度：＿＿＿＿＿＿＿＿＿＿＿＿＿＿＿＿＿＿＿＿＿＿＿＿＿＿＿＿＿＿＿＿

表 3-4-9　　_____公司第 3 年企业经营流程表

操作顺序	请各公司 CEO 带领公司成员严格按顺序执行下列各项操作。每执行完一项操作，CEO 请在相应的方格内打钩，公司各成员根据自己的职责在方格中填写现金、产品和原料等具体情况。				
	企业经营流程	第1季度	第2季度	第3季度	第4季度
年初	新年度规划会议				
	支付广告费/参加订货会/登记销售订单				
	制订新年度计划				
	支付应交税				
1	季初盘点（请填现金、产品或原料数量）				
2	更新短期贷款/短期贷款还本付息				
3	申请短期贷款				
4	更新应付款/归还应付款				
5	原材料入库/更新原料订单				
6	下原料订单				
7	更新生产/完工入库				
8	投资生产线/变卖生产线/生产线转产				
9	紧急采购原料/原料变现				
10	开始下一批生产				
11	更新应收款/应收款收现				
12	出售厂房				
13	紧急采购产品/出售库存产品				
14	按订单交货				
15	产品研发投资				
16	支付行政管理费				
17	其他现金收支情况登记				
18	收入合计（请填现金、产品或原料数量）				
19	支出合计（请填现金、产品或原料数量）				
20	季末对账（请填现金、产品或原料数量）				
年末	支付长贷利息/更新长期贷款				
	申请长期贷款				
	支付设备维护费				
	支付租金/购买厂房				
	计提折旧				（　　）
	市场开拓/换取市场资格证				
	ISO 认证投资/ISO 资格换证				
	缴纳违约订单罚款				
	结账				

表3-4-10 ＿＿＿＿＿＿公司第3年综合费用表　　　　　　单位：M

序号	项目	金额	备注
1	管理费		
2	广告费		
3	维修费		
4	租金		
5	转产费		
6	市场准入开拓		□本地　□区域　□国内　□亚洲　□国际
7	ISO资格认证		□ISO9000　　□ISO14000
8	产品研发		P1（　）　P2（　）　P3（　）　P4（　）
9	损失		
10	合计		

表3-4-11 ＿＿＿＿＿＿公司第3年损益表　　　　　　单位：M

序号	项目	去年数	今年数
1	销售收入		
2	直接成本		
3	毛利		
4	综合费用		
5	折旧前利润		
6	折旧		
7	支付利息前利润		
8	财务费用（利息+贴息）		
9	税前利润		
10	所得税		
11	净利润		

表3-4-12 ＿＿＿＿＿＿公司第3年资产负债表　　　　　　单位：M

序号	资产	年初数	年末数	负债和所有者权益	年初数	年末数
1	流动资产：			负债		
2	现金			长期负债		
3	应收账款			一年内到期的长贷		
4	在制品			短期负债		
5	成品			应交税金		
6	原料					
7	流动资产合计			负债合计		
8	固定资产：			所有者权益：		
9	土地和建筑			股本		

续表

序号	资产	年初数	年末数	负债和所有者权益	年初数	年末数
10	机器与设备			利润留存		
11	在建工程			年度净利		
12	固定资产合计			所有者权益合计		
13	资产总计			负债和所有者权益总计		

表 3-4-13 ＿＿＿＿＿公司第 3 年经营信息汇总表（一）

序号	信息类别	信息内容	备注
1	生产规模	手工线（　条）半自动线（　条）自动线（　条）柔性线（　条）	
2	产品研发	□P1　□P2　□P3　□P4	
3	市场占有	□本地　□区域　□国内　□亚洲　□国际	
4	资格认证	□ISO9000　□ISO14000	
5	库存产品	P1（　）P2（　）P3（　）P4（　）	
6	在制品	P1（　）P2（　）P3（　）P4（　）	
7	库存原料	R1（　）R2（　）R3（　）R4（　）	
8	在途原料	R1（　）R2（　）R3（　）R4（　）	
9	厂房	□大厂房　□小厂房	
10	财务状况	现金（　）应收款（　）长期贷款（　）短期贷款（　）	
11	其他		

表 3-4-14 ＿＿＿＿＿公司第 3 年经营信息汇总表（二）

序号	信息类别	信息内容	备注
1	生产规模	手工线（　条）半自动线（　条）自动线（　条）柔性线（　条）	
2	产品研发	□P1　□P2　□P3　□P4	
3	市场占有	□本地　□区域　□国内　□亚洲　□国际	
4	资格认证	□ISO9000　□ISO14000	
5	库存产品	P1（　）P2（　）P3（　）P4（　）	
6	在制品	P1（　）P2（　）P3（　）P4（　）	
7	库存原料	R1（　）R2（　）R3（　）R4（　）	
8	在途原料	R1（　）R2（　）R3（　）R4（　）	
9	厂房	□大厂房　□小厂房	
10	财务状况	现金（　）应收款（　）长期贷款（　）短期贷款（　）	
11	其他		

表 3-4-15 ＿＿＿＿＿＿公司第 3 年经营信息汇总表（三）

序号	信息类别	信息内容	备注
1	生产规模	手工线（　条）半自动线（　条）自动线（　条）柔性线（　条）	
2	产品研发	□P1　□P2　□P3　□P4	
3	市场占有	□本地　□区域　□国内　□亚洲　□国际	
4	资格认证	□ISO9000　□ISO14000	
5	库存产品	P1（　）P2（　）P3（　）P4（　）	
6	在制品	P1（　）P2（　）P3（　）P4（　）	
7	库存原料	R1（　）R2（　）R3（　）R4（　）	
8	在途原料	R1（　）R2（　）R3（　）R4（　）	
9	厂房	□大厂房　□小厂房	
10	财务状况	现金（　）应收款（　）长期贷款（　）短期贷款（　）	
11	其他		

表 3-4-16 ＿＿＿＿＿＿公司第 3 年经营信息汇总表（四）

序号	信息类别	信息内容	备注
1	生产规模	手工线（　条）半自动线（　条）自动线（　条）柔性线（　条）	
2	产品研发	□P1　□P2　□P3　□P4	
3	市场占有	□本地　□区域　□国内　□亚洲　□国际	
4	资格认证	□ISO9000　□ISO14000	
5	库存产品	P1（　）P2（　）P3（　）P4（　）	
6	在制品	P1（　）P2（　）P3（　）P4（　）	
7	库存原料	R1（　）R2（　）R3（　）R4（　）	
8	在途原料	R1（　）R2（　）R3（　）R4（　）	
9	厂房	□大厂房　□小厂房	
10	财务状况	现金（　）应收款（　）长期贷款（　）短期贷款（　）	
11	其他		

表 3-4-17 ＿＿＿＿＿＿公司第 3 年经营信息汇总表（五）

序号	信息类别	信息内容	备注
1	生产规模	手工线（ 条）半自动线（ 条）自动线（ 条）柔性线（ 条）	
2	产品研发	□P1 □P2 □P3 □P4	
3	市场占有	□本地 □区域 □国内 □亚洲 □国际	
4	资格认证	□ISO9000 □ISO14000	
5	库存产品	P1（ ）P2（ ）P3（ ）P4（ ）	
6	在制品	P1（ ）P2（ ）P3（ ）P4（ ）	
7	库存原料	R1（ ）R2（ ）R3（ ）R4（ ）	
8	在途原料	R1（ ）R2（ ）R3（ ）R4（ ）	
9	厂房	□大厂房 □小厂房	
10	财务状况	现金（ ）应收款（ ）长期贷款（ ）短期贷款（ ）	
11	其他		

表 3-4-18 ＿＿＿＿＿＿公司第 3 年经营信息汇总表（六）

序号	信息类别	信息内容	备注
1	生产规模	手工线（ 条）半自动线（ 条）自动线（ 条）柔性线（ 条）	
2	产品研发	□P1 □P2 □P3 □P4	
3	市场占有	□本地 □区域 □国内 □亚洲 □国际	
4	资格认证	□ISO9000 □ISO14000	
5	库存产品	P1（ ）P2（ ）P3（ ）P4（ ）	
6	在制品	P1（ ）P2（ ）P3（ ）P4（ ）	
7	库存原料	R1（ ）R2（ ）R3（ ）R4（ ）	
8	在途原料	R1（ ）R2（ ）R3（ ）R4（ ）	
9	厂房	□大厂房 □小厂房	
10	财务状况	现金（ ）应收款（ ）长期贷款（ ）短期贷款（ ）	
11	其他		

表 3-4-19　　　　　　　　公司第 3 年经营信息汇总表（七）

序号	信息类别	信息内容	备注
1	生产规模	手工线（　条）半自动线（　条）自动线（　条）柔性线（　条）	
2	产品研发	□P1　□P2　□P3　□P4	
3	市场占有	□本地　□区域　□国内　□亚洲　□国际	
4	资格认证	□ISO9000　□ISO14000	
5	库存产品	P1（　）P2（　）P3（　）P4（　）	
6	在制品	P1（　）P2（　）P3（　）P4（　）	
7	库存原料	R1（　）R2（　）R3（　）R4（　）	
8	在途原料	R1（　）R2（　）R3（　）R4（　）	
9	厂房	□大厂房　□小厂房	
10	财务状况	现金（　）应收款（　）长期贷款（　）短期贷款（　）	
11	其他		

【检查】

公司第 3 年运行计划完成情况见表 3-4-20。

表 3-4-20　　　　　　　　公司第 3 年运行计划完成情况

观测指标		计划情况	实际执行情况
销售预算	销售数量		
	单价		
	销售收入		
最大可交货量（最大可受订单）	库存		
	生产能力		
经营规划	生产计划		
	采购计划		
设备投资规划	厂房投资或租赁计划		
	设备转产、新购或变卖计划		
营销策划方案	广告方案		
	市场开发计划		
	产品研发计划		
	资格认证计划		
融资计划	资金预算		
	融资计划		

【评估】

公司第 3 年年度运营总结见表 3-4-21。

表 3-4-21 ＿＿＿＿＿＿公司第 3 年年度运营总结

1. 经过今年的经营,您觉得企业在哪些方面还存在不足?	
战略制定与执行	
产品研发	
生产管理	
人力资源管理	
市场营销	
财务	
其他	
2. 未来几年,您觉得企业应在哪些方面有所改进?	
战略制定与执行	
产品研发	
生产管理	
人力资源管理	
市场营销	
财务	
其他	
3. 经过今年的经营,您的哪些知识得到了应用?您还要学习哪些新知识?	
4. 您的哪些能力存在不足?哪些能力需要加强?	

任务 3-5 第 4 年运营对抗训练

【咨讯】

SWOT 分析方法是一种企业战略分析方法，即根据企业自身的既定内在条件进行分析，找出企业的优势、劣势及核心竞争力之所在，从而选择最佳经营战略的方法，该方法最早是由美国旧金山大学韦里克教授于 20 世纪 80 年代初提出的。其中，S 代表 strength（优势），W 代表 weakness（弱势），O 代表 opportunity（机会），T 代表 threat（威胁），其中 S、W 是内部因素，O、T 是外部因素。按照企业竞争战略的完整概念，战略应是一个企业"能够做的"（即组织的强项和弱项）和"可能做的"（即环境的机会和威胁）之间的有机组合。

从竞争角度看，对成本措施的抉择分析，不仅来自于对企业内部因素的分析判断，还来自于对竞争态势的分析判断。SWOT 分析的核心思想是通过对企业外部环境与内部条件的分析，明确企业可利用的机会和可能面临的风险，并将这些机会和风险与企业的优势和缺点结合起来，形成企业成本控制的不同战略措施，其重要贡献在于用系统的思想将这些似乎独立的因素相互匹配起来进行综合分析，使得企业战略计划的制订更加科学全面。

SWOT 方法自形成以来，广泛应用于企业战略研究与竞争分析，成为战略管理和竞争情报的重要分析工具。分析直观、使用简单是它的重要优点，即使没有精确的数据支持和更专业化的分析工具，也可以得出有说服力的结论。但是，正是这种直观和简单，使得 SWOT 不可避免地带有精度不够的缺陷。例如 SWOT 分析采用定性方法，通过罗列 S、W、O、T 的各种表现，形成一种模糊的企业竞争地位描述，以此为依据作出的判断，不免带有一定程度的主观臆断。所以，在使用 SWOT 方法时要注意方法的局限性，在罗列作为判断依据的事实时，要尽量真实、客观、精确，并提供一定的定量数据弥补 SWOT 定性分析的不足，构造高层定性分析的基础。

SWOT 分析基本步骤：

① 分析企业的内部优势、弱点既可以是相对企业目标而言的，也可以是相对竞争对手而言的。

② 分析企业面临的外部机会与威胁，可能来自于与竞争无关的外环境因素的变化，也可能来自于竞争对手力量与因素变化，或二者兼有，但关键性的外部机会与威胁应予以确认。

③ 将外部机会和威胁与企业内部优势和弱点进行匹配，形成可行的战略。

SWOT 分析有四种不同类型的组合战略。

优势—机会（SO）战略是一种发展企业内部优势与利用外部机会的战略，

是一种理想的战略模式。当企业具有特定方面的优势，而外部环境又为发挥这种优势提供有利机会时，可以采取该战略。例如良好的产品市场前景、供应商规模扩大和竞争对手有财务危机等外部条件，配以企业市场份额提高等内在优势可成为企业收购竞争对手、扩大生产规模的有利条件。

弱点—机会（WO）战略是利用外部机会来弥补内部弱点，使企业改劣势而获取优势的战略。存在外部机会，但由于企业存在一些内部弱点而妨碍其利用机会，可采取措施先克服这些弱点。例如，若企业弱点是原材料供应不足和生产能力不够，从成本角度看，前者会导致开工不足、生产能力闲置、单位成本上升，后者因加班加点会导致一些附加费用。在产品市场前景看好的前提下，企业可利用供应商扩大规模、新技术设备降价、竞争对手财务危机等机会，实现纵向整合战略，重构企业价值链，以保证原材料供应，同时可考虑购置生产线来克服生产能力不足及设备老化等缺点。通过克服这些弱点，企业可进一步利用各种外部机会，降低成本，取得成本优势，最终赢得竞争优势。

优势—威胁（ST）战略是指企业利用自身优势，回避或减轻外部威胁所造成的影响。如竞争对手利用新技术大幅度降低成本，给企业很大成本压力；同时材料供应紧张，其价格可能上涨；消费者要求大幅度提高产品质量；企业还要支付高额环保成本等等，这些都会导致企业成本状况进一步恶化，使之在竞争中处于非常不利的地位，但若企业拥有充足的现金、熟练的技术工人和较强的产品开发能力，便可利用这些优势开发新工艺，简化生产工艺过程，提高原材料利用率，从而降低材料消耗和生产成本。另外，开发新技术产品也是企业可选择的战略。新技术、新材料和新工艺的开发与应用是最具潜力的成本降低措施，同时它可提高产品质量，从而回避外部威胁影响。

弱点—威胁（WT）战略是一种旨在减少内部弱点，回避外部环境威胁的防御性技术。当企业存在内忧外患时，往往面临生存危机，降低成本也许成为改变劣势的主要措施。当企业成本状况恶化，原材料供应不足，生产能力不够，无法实现规模效益，且设备老化，使企业在成本方面难以有大作为，这时将迫使企业采取目标聚集战略或差异化战略，以回避成本方面的劣势，并回避成本原因带来的威胁。SWOT分析运用于企业成本战略分析，可发挥企业优势，利用机会克服弱点、回避风险，获取或维护成本优势，将企业成本控制战略建立在对内外部因素分析及对竞争势态的判断等基础上。而若要充分认识企业的优势、机会、弱点及正在面临或即将面临的风险，价值链分析和标杆分析等均为其提供方法与途径。

【计划】

请根据任务3-5的要求，由CEO组织公司全体成员认真讨论第4年各种产品和不同市场的需求状况，明确时间安排和注意事项，制订年度运营计划，并根据计划完成年度各项运营任务。

【决策】

经过小组商议，就第 4 年实战运营任务作如下研讨安排（表 3 - 5 - 1）。

表 3 - 5 - 1 ＿＿＿＿＿＿公司第 4 年运营研讨安排

讨论议题	第 4 年运营
主持人	
讨论时间	
讨论地点	
讨论流程	
发言要求	
记录员	
决议方式	
决议宣读人	
记录要求	
其他	

【实施】

第 4 年公司运营对抗训练实施见表 3 - 5 - 2 ~ 表 3 - 5 - 19。

表 3 - 5 - 2 ＿＿＿＿＿＿公司第 4 年广告投放表　　　　单位：M

市　场	P1	P2	P3	P4	ISO9000	ISO14000	合　计
本地							
区域							
国内							
亚洲							
国际							
合计							

表 3 - 5 - 3 ＿＿＿＿＿＿公司第 4 年订单登记表

订单编号						合　计
市场						
产品						
数量						
销售额						
成本						
毛利						
规定交货期						

续表

订单编号						合　计
实际交货期						
货款账期						
货款收回期						

表 3-5-4　　　　　　　公司第 4 年交货计划表

品　种	第 1 季度交货量	第 2 季度交货量	第 3 季度交货量	第 4 季度交货量	合计交货量
P1					
P2					
P3					
P4					

表 3-5-5　　　　　　　公司第 4 年生产计划表

类　别		年初	第 1 季度	第 2 季度	第 3 季度	第 4 季度	数量合计	成本合计
完工产品数量	P1							
	P2							
	P3							
	P4							
投产产品数量	P1							
	P2							
	P3							
	P4							
在产产品数量	P1							
	P2							
	P3							
	P4							
交货产品数量	P1							
	P2							
	P3							
	P4							
剩余产品库存	P1							
	P2							
	P3							
	P4							

表 3-5-6　　_____公司第 4 年生产线建设与使用表

序　号	生产线	年初状态	第 1 季度	第 2 季度	第 3 季度	第 4 季度
1						
2						
3						
4						
5						
6						
7						
8						
9						
10						

表 3-5-7　　_____公司第 4 年采购计划表

类　别		年初数量	第 1 季度	第 2 季度	第 3 季度	第 4 季度	数量合计	成本合计
原料采购数量	R1							
	R2							
	R3							
	R4							
原料入库数量	R1							
	R2							
	R3							
	R4							
原料耗用数量	R1							
	R2							
	R3							
	R4							
原料库存剩余	R1							
	R2							
	R3							
	R4							

表 3-5-8 _____公司第 4 年现金预算表　　　　单位：M

项　目	第 1 季度	第 2 季度	第 3 季度	第 4 季度
期初库存现金				
支付上年应交税				
市场广告投入				
贴现费用				
支付短贷利息				
支付到期短贷				
原材料采购支付现金				
转产费用				
生产线投资				
产品生产加工费				
收到现金前的所有支出				
产品研发现金支出				
应收款到期收到现金				
支付管理费用				
购买/租用厂房支付现金				
支付设备维护费				
新市场开拓				
ISO 资格投资				
计提折旧				(　　)
库存现金余额				
融资安排				

要点记录
第 1 季度：_____
第 2 季度：_____
第 3 季度：_____
第 4 季度：_____

表 3－5－9　　　_____公司第 4 年企业经营流程表

操作顺序	企业经营流程	第 1 季度	第 2 季度	第 3 季度	第 4 季度
年初	新年度规划会议				
	支付广告费/参加订货会/登记销售订单				
	制订新年度计划				
	支付应交税				
1	季初盘点（请填现金、产品或原料数量）				
2	更新短期贷款/短期贷款还本付息				
3	申请短期贷款				
4	更新应付款/归还应付款				
5	原材料入库/更新原料订单				
6	下原料订单				
7	更新生产/完工入库				
8	投资生产线/变卖生产线/生产线转产				
9	紧急采购原料/原料变现				
10	开始下一批生产				
11	更新应收款/应收款收现				
12	出售厂房				
13	紧急采购产品/出售库存产品				
14	按订单交货				
15	产品研发投资				
16	支付行政管理费				
17	其他现金收支情况登记				
18	收入合计（请填现金、产品或原料数量）				
19	支出合计（请填现金、产品或原料数量）				
20	季末对账（请填现金、产品或原料数量）				
年末	支付长贷利息/更新长期贷款				
	申请长期贷款				
	支付设备维护费				
	支付租金/购买厂房				
	计提折旧				（　）
	市场开拓/换取市场资格证				
	ISO 认证投资/ISO 资格换证				
	缴纳违约订单罚款				
	结账				

表 3-5-10 　　　　　　公司第 4 年综合费用表　　　　单位：M

序号	项目	金额	备注
1	管理费		
2	广告费		
3	维修费		
4	租金		
5	转产费		
6	市场准入开拓		□本地　□区域　□国内　□亚洲　□国际
7	ISO 资格认证		□ISO9000　　　□ISO14000
8	产品研发		P1（　　）P2（　　）P3（　　）P4（　　）
9	损失		
10	合计		

表 3-5-11 　　　　　　公司第 4 年损益表　　　　单位：M

序号	项目	去年数	今年数
1	销售收入		
2	直接成本		
3	毛利		
4	综合费用		
5	折旧前利润		
6	折旧		
7	支付利息前利润		
8	财务费用（利息+贴息）		
9	税前利润		
10	所得税		
11	净利润		

表 3-5-12 　　　　　　公司第 4 年资产负债表　　　　单位：M

序号	资产	年初数	年末数	负债和所有者权益	年初数	年末数
1	流动资产：			负债：		
2	现金			长期负债		
3	应收账款			一年内到期的长贷		
4	在制品			短期负债		
5	成品			应交税金		
6	原料					
7	流动资产合计			负债合计		
8	固定资产：			所有者权益：		
9	土地和建筑			股本		

续表

序号	资产	年初数	年末数	负债和所有者权益	年初数	年末数
10	机器与设备			利润留存		
11	在建工程			年度净利		
12	固定资产合计			所有者权益合计		
13	资产总计			负债和所有者权益总计		

表3－5－13 ＿＿＿＿＿＿公司第4年经营信息汇总表（一）

序号	信息类别	信息内容	备注
1	生产规模	手工线（　条）半自动线（　条）自动线（　条）柔性线（　条）	
2	产品研发	□P1　□P2　□P3　□P4	
3	市场占有	□本地　□区域　□国内　□亚洲　□国际	
4	资格认证	□ISO9000　□ISO14000	
5	库存产品	P1（　）P2（　）P3（　）P4（　）	
6	在制品	P1（　）P2（　）P3（　）P4（　）	
7	库存原料	R1（　）R2（　）R3（　）R4（　）	
8	在途原料	R1（　）R2（　）R3（　）R4（　）	
9	厂房	□大厂房　□小厂房	
10	财务状况	现金（　）应收款（　）长期贷款（　）短期贷款（　）	
11	其他		

表3－5－14 ＿＿＿＿＿＿公司第4年经营信息汇总表（二）

序号	信息类别	信息内容	备注
1	生产规模	手工线（　条）半自动线（　条）自动线（　条）柔性线（　条）	
2	产品研发	□P1　□P2　□P3　□P4	
3	市场占有	□本地　□区域　□国内　□亚洲　□国际	
4	资格认证	□ISO9000　□ISO14000	
5	库存产品	P1（　）P2（　）P3（　）P4（　）	
6	在制品	P1（　）P2（　）P3（　）P4（　）	
7	库存原料	R1（　）R2（　）R3（　）R4（　）	
8	在途原料	R1（　）R2（　）R3（　）R4（　）	
9	厂房	□大厂房　□小厂房	
10	财务状况	现金（　）应收款（　）长期贷款（　）短期贷款（　）	
11	其他		

表 3-5-15　_____公司第 4 年经营信息汇总表（三）

序号	信息类别	信息内容	备注
1	生产规模	手工线（　条）半自动线（　条）自动线（　条）柔性线（　条）	
2	产品研发	□P1　□P2　□P3　□P4	
3	市场占有	□本地　□区域　□国内　□亚洲　□国际	
4	资格认证	□ISO9000　□ISO14000	
5	库存产品	P1（　）P2（　）P3（　）P4（　）	
6	在制品	P1（　）P2（　）P3（　）P4（　）	
7	库存原料	R1（　）R2（　）R3（　）R4（　）	
8	在途原料	R1（　）R2（　）R3（　）R4（　）	
9	厂房	□大厂房　□小厂房	
10	财务状况	现金（　）应收款（　）长期贷款（　）短期贷款（　）	
11	其他		

表 3-5-16　_____公司第 4 年经营信息汇总表（四）

序号	信息类别	信息内容	备注
1	生产规模	手工线（　条）半自动线（　条）自动线（　条）柔性线（　条）	
2	产品研发	□P1　□P2　□P3　□P4	
3	市场占有	□本地　□区域　□国内　□亚洲　□国际	
4	资格认证	□ISO9000　□ISO14000	
5	库存产品	P1（　）P2（　）P3（　）P4（　）	
6	在制品	P1（　）P2（　）P3（　）P4（　）	
7	库存原料	R1（　）R2（　）R3（　）R4（　）	
8	在途原料	R1（　）R2（　）R3（　）R4（　）	
9	厂房	□大厂房　□小厂房	
10	财务状况	现金（　）应收款（　）长期贷款（　）短期贷款（　）	
11	其他		

表 3-5-17 　　　　　　　公司第 4 年经营信息汇总表（五）

序号	信息类别	信息内容	备注
1	生产规模	手工线（　条）半自动线（　条）自动线（　条）柔性线（　条）	
2	产品研发	□P1　□P2　□P3　□P4	
3	市场占有	□本地　□区域　□国内　□亚洲　□国际	
4	资格认证	□ISO9000　□ISO14000	
5	库存产品	P1（　）P2（　）P3（　）P4（　）	
6	在制品	P1（　）P2（　）P3（　）P4（　）	
7	库存原料	R1（　）R2（　）R3（　）R4（　）	
8	在途原料	R1（　）R2（　）R3（　）R4（　）	
9	厂房	□大厂房　□小厂房	
10	财务状况	现金（　）应收款（　）长期贷款（　）短期贷款（　）	
11	其他		

表 3-5-18 　　　　　　　公司第 4 年经营信息汇总表（六）

序号	信息类别	信息内容	备注
1	生产规模	手工线（　条）半自动线（　条）自动线（　条）柔性线（　条）	
2	产品研发	□P1　□P2　□P3　□P4	
3	市场占有	□本地　□区域　□国内　□亚洲　□国际	
4	资格认证	□ISO9000　□ISO14000	
5	库存产品	P1（　）P2（　）P3（　）P4（　）	
6	在制品	P1（　）P2（　）P3（　）P4（　）	
7	库存原料	R1（　）R2（　）R3（　）R4（　）	
8	在途原料	R1（　）R2（　）R3（　）R4（　）	
9	厂房	□大厂房　□小厂房	
10	财务状况	现金（　）应收款（　）长期贷款（　）短期贷款（　）	
11	其他		

表3-5-19 　　　　　　公司第4年经营信息汇总表（七）

序号	信息类别	信息内容	备注
1	生产规模	手工线（　条）半自动线（　条）自动线（　条）柔性线（　条）	
2	产品研发	□P1　□P2　□P3　□P4	
3	市场占有	□本地　□区域　□国内　□亚洲　□国际	
4	资格认证	□ISO9000　□ISO14000	
5	库存产品	P1（　）P2（　）P3（　）P4（　）	
6	在制品	P1（　）P2（　）P3（　）P4（　）	
7	库存原料	R1（　）R2（　）R3（　）R4（　）	
8	在途原料	R1（　）R2（　）R3（　）R4（　）	
9	厂房	□大厂房　□小厂房	
10	财务状况	现金（　）应收款（　）长期贷款（　）短期贷款（　）	
11	其他		

【检查】

公司第4年运行计划完成情况见表3-5-20。

表3-5-20 　　　　　　公司第4年运行计划完成情况

观测指标		计划情况	实际执行情况
销售预算	销售数量		
	单价		
	销售收入		
最大可交货量（最大可受订单）	库存		
	生产能力		
经营规划	生产计划		
	采购计划		
设备投资规划	厂房投资或租赁计划		
	设备转产、新购或变卖计划		
营销策划方案	广告方案		
	市场开发计划		
	产品研发计划		
	资格认证计划		
融资计划	资金预算		
	融资计划		

【评估】

公司第 4 年年度运营总结见表 3-5-21。

表 3-5-21 ＿＿＿＿＿＿公司第 4 年年度运营总结

1. 经过今年的经营，您觉得企业在哪些方面还存在不足？	
战略制定与执行	
产品研发	
生产管理	
人力资源管理	
市场营销	
财务	
其他	
2. 未来几年，您觉得企业应在哪些方面有所改进？	
战略制定与执行	
产品研发	
生产管理	
人力资源管理	
市场营销	
财务	
其他	
3. 经过今年的经营，您的哪些知识得到了应用？您还要学习哪些新知识？	
4. 您的哪些能力存在不足？哪些能力需要加强？	

任务3-6　第5年运营对抗训练

【咨讯】

1. 信息化

信息化是指培养、发展以计算机为主的智能化工具为代表的新生产力,并使之造福于社会的历史过程。智能化工具又称信息化的生产工具。它一般必须具备信息获取、信息传递、信息处理、信息再生、信息利用的功能。智能化生产工具与过去生产力中的生产工具不一样的是,它不是一件孤立分散的东西,而是一个具有庞大规模的、自上而下的、有组织的信息网络体系。这种网络性生产工具将改变人们的生产方式、工作方式、学习方式、交往方式、生活方式、思维方式等,将使人类社会发生极其深刻的变化。与智能化工具相适应的生产力,称为信息化生产力。信息化生产力是迄今人类最先进的生产力,它要求有先进的生产关系和上层建筑与之相适应,一切不适应该生产力的生产关系和上层建筑将随之改变。

信息化的概念起源于20世纪60年代的日本,而后被译成英文传播到西方,西方社会普遍使用"信息社会"和"信息化"的概念是70年代后期才开始的。关于信息化的表述,在我国学术界和政府内部作过较长时间的研讨。有的学者认为,信息化就是计算机、通信和网络技术的现代化;也有学者认为,信息化就是从物质生产占主导地位的社会向信息产业占主导地位社会转变的发展过程;还有学者认为,信息化就是从工业社会向信息社会演进的过程,如此等等。

2. 竞争优势

竞争优势是某种不同于别的竞争对手的独特品质,是一个企业或国家在某些方面比其他的企业或国家更能带来利润或效益的优势,通常源于技术、管理、品牌、劳动力成本等。哈佛大学商学研究院迈克尔·波特(Michael E. Porter)的竞争战略研究开创了企业经营战略的崭新领域,对全球企业发展和管理理论研究的进步,作出了重要的贡献。

波特教授1983年被任命为美国总统里根的产业竞争委员会主席,开创了企业竞争战略理论并引发了美国乃至世界的竞争力讨论热潮。他先后获得过威尔兹经济学奖、亚当·斯密奖,三次获得麦肯锡奖,拥有很多大学的名誉博士学位。到现在为止,波特已有十四本著作,其中最有影响的有《品牌间选择、战略及双边市场力量》(1976)、《竞争战略》(1980)、《竞争优势》(1985)、《国家竞争力》(1990)等。

波特认为,影响产业竞争态势的因素有五项,分别是新加入者的威胁、购买者(客户)的议价力量、取代品(或服务)的威胁、供货商的议价力量及现有竞争者的对抗态势。通过这五方面的分析，可以测知该产业的竞争强度与获利潜力。

在传统的产业经济学中，经济学者曾深入探讨市场结构对厂商行为和厂商绩效的影响，"独占地位可以带来超额利润"成为一个众所周知的基本定理。波特从这个角度出发，认为企业竞争的基本原则是想办法维持独占地位，他据此逻辑发展总成本领先战略、差异化战略和专一化战略三种一般性策略。波特认为，这些战略类型的目标是使企业的经营在产业竞争中高人一等，在一些产业中，这意味着企业可取得较高的收益；而在另外一些产业中，一种战略的成功可能只是企业在绝对意义上能获取些微收益的必要条件。有时企业追逐的基本目标可能不止一个，但波特认为这种情况实现的可能性是很小的。因为要贯彻任何一种战略，通常都需要全力以赴，并且要有一个支持这一战略的组织安排。如果企业的基本目标不止一个，则这些方面的资源将被分散。

（1）总成本领先战略

成本领先要求坚决地建立起高效规模的生产设施，在经验的基础上全力以赴降低成本，抓紧成本与管理费用的控制，以及最大限度地减小研究开发、服务、推销、广告等方面的成本费用。为了达到这些目标，就要在管理方面对成本给予高度的重视。尽管质量、服务以及其他方面也不容忽视，但贯穿于整个战略之中的是使成本低于竞争对手。该公司成本较低，意味着当别的公司在竞争过程中已失去利润时，这个公司依然可以获得利润。赢得总成本最低的有利地位通常要求具备较高的相对市场份额或其他优势，诸如与原材料供应方面的良好联系等，或许也可能要求产品的设计要便于制造生产，易于保持一个较宽的相关产品线以分散固定成本，以及为建立起批量而对所有主要顾客群进行服务。总成本领先地位非常吸引人，一旦公司赢得了这样的地位，所获得的较高的边际利润又可以重新对新设备、现代设施进行投资以维护成本上的领先地位，而这种再投资往往是保持低成本状态的先决条件。

（2）差别化战略

差别化战略是将产品或公司提供的服务差别化，树立起一些全产业范围中具有独特性的东西。实现差别化战略可以有许多方式：设计名牌形象、技术上的独特、性能特点、顾客服务、商业网络及其他方面的独特性。最理想的情况是公司在几个方面都有其差别化特点。例如履带拖拉机公司不仅以其商业网络和优良的零配件供应服务著称，而且以其优质耐用的产品质量享有盛誉。如果差别化战略成功地实施了，它就成为在一个产业中赢得高水平收益的积极战略，因为它建立起防御阵地对付五种竞争力量，虽然其防御的形式与成本领先有所不同。波特认为，推行差别化战略有时会与争取占有更大市场份额的活动相矛盾。推行差别化战略往往要求公司对于这一战略的排他性有思想准备，这一战略与提高市场份额两者不可兼顾。在建立公司的差别化战略的活动中总是伴随着很高的成本代价，有时即便全产业范围的顾客都了解公司的独特优点,也并不是所有顾客都愿意或有能力支付公司要求的高价格。

(3) 专一化战略

专一化战略是主攻某个特殊的顾客群、某产品线的一个细分区段或某一地区市场。正如差别化战略一样,专一化战略可以具有许多形式。低成本与差别化战略都是要在全产业范围内实现其目标,专一化战略的整体却是围绕着很好地为某一特殊目标服务这一中心建立的,它所开发推行的每一项职能化方针都要考虑这一中心思想。这一战略依靠的前提思想是:公司业务的专一化能够以高的效率、更好的效果为某一狭窄的战略对象服务,从而超过在较广阔范围内竞争的对手们。波特认为这样做的结果,是公司或者通过满足特殊对象的需要而实现了差别化,或者在为这一对象服务时实现了低成本,或者二者兼得。这样的公司可以使其赢利的潜力超过产业的普遍水平。这些优势保护公司抵御各种竞争力量的威胁。但专一化战略常常意味着限制了可以获取的整体市场份额。专一化战略必然地包含着利润率与销售额之间互以对方为代价的关系。

波特认为,这三种战略是每一个公司必须明确的。徘徊其间的公司处于极其糟糕的战略地位,这样的公司缺少市场占有率,缺少资本投资,从而削弱了"打低成本牌"的资本。全产业范围的差别化的必要条件是放弃对低成本的努力。而采用专一化战略,在更加有限的范围内建立起差别化或低成本优势,更会有同样的问题。徘徊其间的公司几乎注定是低利润的,所以它必须做出一种根本性战略决策,向三种通用战略靠拢。一旦公司处于徘徊状况,摆脱这种令人不快的状态往往要花费时间并经过一段持续的努力。而相继采用三个战略,波特认为注定会失败,因为它们要求的条件是不一致的。

【计划】

请根据任务3-6的要求,由CEO组织公司全体成员认真讨论第5年各种产品和不同市场的需求状况,明确时间安排和注意事项,制订年度运营计划,并根据计划完成年度各项运营任务。

【决策】

经过小组商议,就第5年实战运营任务作如下研讨安排(表3-6-1)。

表3-6-1 ＿＿＿＿＿＿公司第5年运营研讨安排

讨论议题	第5年运营
主持人	
讨论时间	
讨论地点	
讨论流程	
发言要求	

续表

讨论议题	第 5 年运营
记录员	
决议方式	
决议宣读人	
记录要求	
其他	

【实施】

第 5 年公司运营对抗训练见表 3-6-2 ~ 表 3-6-19。

表 3-6-2　　　　　　　　公司第 5 年广告投放表　　　　单位：M

市　场	P1	P2	P3	P4	ISO9000	ISO14000	合　计
本地							
区域							
国内							
亚洲							
国际							
合计							

表 3-6-3　　　　　　　　公司第 5 年订单登记表　　　　单位：M

订单编号							合　计
市场							
产品							
数量							
销售额							
成本							
毛利							
规定交货期							
实际交货期							
货款账期							
货款收回期							

表 3-6-4 _____ 公司第 5 年交货计划表

品 种	第1季度交货量	第2季度交货量	第3季度交货量	第4季度交货量	合计交货量
P1					
P2					
P3					
P4					

表 3-6-5 _____ 公司第 5 年生产计划表

类 别		年 初	第1季度	第2季度	第3季度	第4季度	数量合计	成本合计
完工产品数量	P1							
	P2							
	P3							
	P4							
投产产品数量	P1							
	P2							
	P3							
	P4							
在产产品数量	P1							
	P2							
	P3							
	P4							
交货产品数量	P1							
	P2							
	P3							
	P4							
剩余产品库存	P1							
	P2							
	P3							
	P4							

表 3-6-6　_____公司第 5 年生产线建设与使用表

序　号	生产线	年初状态	第 1 季度	第 2 季度	第 3 季度	第 4 季度
1						
2						
3						
4						
5						
6						
7						
8						
9						
10						

表 3-6-7　_____公司第 5 年采购计划表

类　别		年初数量	第 1 季度	第 2 季度	第 3 季度	第 4 季度	数量合计	成本合计
原料采购数量	R1							
	R2							
	R3							
	R4							
原料入库数量	R1							
	R2							
	R3							
	R4							
原料耗用数量	R1							
	R2							
	R3							
	R4							
原料库存剩余	R1							
	R2							
	R3							
	R4							

表 3-6-8 _____公司第 5 年现金预算表　　　　　　单位：M

项　目	第 1 季度	第 2 季度	第 3 季度	第 4 季度
期初库存现金				
支付上年应交税				
市场广告投入				
贴现费用				
支付短贷利息				
支付到期短贷				
原材料采购支付现金				
转产费用				
生产线投资				
产品生产加工费				
收到现金前的所有支出				
产品研发现金支出				
应收款到期收到现金				
支付管理费用				
购买/租用厂房支付现金				
支付设备维护费				
新市场开拓				
ISO 资格投资				
计提折旧				（　　）
库存现金余额				
融资安排				

要点记录

第 1 季度：_____

第 2 季度：_____

第 3 季度：_____

第 4 季度：_____

表 3-6-9 _____公司第 5 年企业经营流程表

操作顺序	企业经营流程		第1季度	第2季度	第3季度	第4季度
	请各公司 CEO 带领公司成员严格按顺序执行下列各项操作。每执行完一项操作，CEO 请在相应的方格内打钩，公司各成员根据自己的职责在方格中填写现金、产品和原料等具体情况。					
年初		新年度规划会议				
		支付广告费/参加订货会/登记销售订单				
		制订新年度计划				
		支付应交税				
1	季初盘点（请填现金、产品或原料数量）					
2	更新短期贷款/短期贷款还本付息					
3	申请短期贷款					
4	更新应付款/归还应付款					
5	原材料入库/更新原料订单					
6	下原料订单					
7	更新生产/完工入库					
8	投资生产线/变卖生产线/生产线转产					
9	紧急采购原料/原料变现					
10	开始下一批生产					
11	更新应收款/应收款收现					
12	出售厂房					
13	紧急采购产品/出售库存产品					
14	按订单交货					
15	产品研发投资					
16	支付行政管理费					
17	其他现金收支情况登记					
18	收入合计（请填现金、产品或原料数量）					
19	支出合计（请填现金、产品或原料数量）					
20	季末对账（请填现金、产品或原料数量）					
年末		支付长贷利息/更新长期贷款				
		申请长期贷款				
		支付设备维护费				
		支付租金/购买厂房				
		计提折旧				（ ）
		市场开拓/换取市场资格证				
		ISO 认证投资/ISO 资格换证				
		缴纳违约订单罚款				
		结账				

表 3-6-10 　　　　　　公司第 5 年综合费用表　　　　　单位：M

序号	项目	金额	备注
1	管理费		
2	广告费		
3	维修费		
4	租金		
5	转产费		
6	市场准入开拓		□本地　□区域　□国内　□亚洲　□国际
7	ISO 资格认证		□ISO9000　　□ISO14000
8	产品研发		P1（　）　P2（　）　P3（　）　P4（　）
9	损失		
10	合计		

表 3-6-11 　　　　　　公司第 5 年损益表　　　　　单位：M

序号	项目	去年数	今年数
1	销售收入		
2	直接成本		
3	毛利		
4	综合费用		
5	折旧前利润		
6	折旧		
7	支付利息前利润		
8	财务费用（利息+贴息）		
9	税前利润		
10	所得税		
11	净利润		

表 3－6－12 ＿＿＿＿＿＿公司第 5 年资产负债表　　　　单位：M

序号	资产	年初数	年末数	负债和所有者权益	年初数	年末数
1	流动资产：			负债：		
2	现金			长期负债		
3	应收账款			一年内到期的长贷		
4	在制品			短期负债		
5	成品			应交税金		
6	原料					
7	流动资产合计			负债合计		
8	固定资产：			所有者权益：		
9	土地和建筑			股本		
10	机器与设备			利润留存		
11	在建工程			年度净利		
12	固定资产合计			所有者权益合计		
13	资产总计			负债和所有者权益总计		

表 3－6－13 ＿＿＿＿＿＿公司第 5 年经营信息汇总表（一）

序号	信息类别	信息内容	备注
1	生产规模	手工线（　条）半自动线（　条）自动线（　条）柔性线（　条）	
2	产品研发	□P1　□P2　□P3　□P4	
3	市场占有	□本地　□区域　□国内　□亚洲　□国际	
4	资格认证	□ISO9000　□ISO14000	
5	库存产品	P1（　）P2（　）P3（　）P4（　）	
6	在制品	P1（　）P2（　）P3（　）P4（　）	
7	库存原料	R1（　）R2（　）R3（　）R4（　）	
8	在途原料	R1（　）R2（　）R3（　）R4（　）	
9	厂房	□大厂房　□小厂房	
10	财务状况	现金（　）应收款（　）长期贷款（　）短期贷款（　）	
11	其他		

表 3-6-14　　_____公司第 5 年经营信息汇总表（二）

序号	信息类别	信息内容	备注
1	生产规模	手工线（　条）半自动线（　条）自动线（　条）柔性线（　条）	
2	产品研发	□P1　□P2　□P3　□P4	
3	市场占有	□本地　□区域　□国内　□亚洲　□国际	
4	资格认证	□ISO9000　□ISO14000	
5	库存产品	P1（　）P2（　）P3（　）P4（　）	
6	在制品	P1（　）P2（　）P3（　）P4（　）	
7	库存原料	R1（　）R2（　）R3（　）R4（　）	
8	在途原料	R1（　）R2（　）R3（　）R4（　）	
9	厂房	□大厂房　□小厂房	
10	财务状况	现金（　）应收款（　）长期贷款（　）短期贷款（　）	
11	其他		

表 3-6-15　　_____公司第 5 年经营信息汇总表（三）

序号	信息类别	信息内容	备注
1	生产规模	手工线（　条）半自动线（　条）自动线（　条）柔性线（　条）	
2	产品研发	□P1　□P2　□P3　□P4	
3	市场占有	□本地　□区域　□国内　□亚洲　□国际	
4	资格认证	□ISO9000　□ISO14000	
5	库存产品	P1（　）P2（　）P3（　）P4（　）	
6	在制品	P1（　）P2（　）P3（　）P4（　）	
7	库存原料	R1（　）R2（　）R3（　）R4（　）	
8	在途原料	R1（　）R2（　）R3（　）R4（　）	
9	厂房	□大厂房　□小厂房	
10	财务状况	现金（　）应收款（　）长期贷款（　）短期贷款（　）	
11	其他		

表 3-6-16　　　　　　　　　公司第 5 年经营信息汇总表（四）

序号	信息类别	信息内容	备注
1	生产规模	手工线（　条）半自动线（　条）自动线（　条）柔性线（　条）	
2	产品研发	□P1　□P2　□P3　□P4	
3	市场占有	□本地　□区域　□国内　□亚洲　□国际	
4	资格认证	□ISO9000　□ISO14000	
5	库存产品	P1（　）P2（　）P3（　）P4（　）	
6	在制品	P1（　）P2（　）P3（　）P4（　）	
7	库存原料	R1（　）R2（　）R3（　）R4（　）	
8	在途原料	R1（　）R2（　）R3（　）R4（　）	
9	厂房	□大厂房　□小厂房	
10	财务状况	现金（　）应收款（　）长期贷款（　）短期贷款（　）	
11	其他		

表 3-6-17　　　　　　　　　公司第 5 年经营信息汇总表（五）

序号	信息类别	信息内容	备注
1	生产规模	手工线（　条）半自动线（　条）自动线（　条）柔性线（　条）	
2	产品研发	□P1　□P2　□P3　□P4	
3	市场占有	□本地　□区域　□国内　□亚洲　□国际	
4	资格认证	□ISO9000　□ISO14000	
5	库存产品	P1（　）P2（　）P3（　）P4（　）	
6	在制品	P1（　）P2（　）P3（　）P4（　）	
7	库存原料	R1（　）R2（　）R3（　）R4（　）	
8	在途原料	R1（　）R2（　）R3（　）R4（　）	
9	厂房	□大厂房　□小厂房	
10	财务状况	现金（　）应收款（　）长期贷款（　）短期贷款（　）	
11	其他		

表 3-6-18 ＿＿＿＿＿＿公司第 5 年经营信息汇总表（六）

序号	信息类别	信息内容	备注
1	生产规模	手工线（　条）半自动线（　条）自动线（　条）柔性线（　条）	
2	产品研发	□P1　□P2　□P3　□P4	
3	市场占有	□本地　□区域　□国内　□亚洲　□国际	
4	资格认证	□ISO9000　□ISO14000	
5	库存产品	P1（　）P2（　）P3（　）P4（　）	
6	在制品	P1（　）P2（　）P3（　）P4（　）	
7	库存原料	R1（　）R2（　）R3（　）R4（　）	
8	在途原料	R1（　）R2（　）R3（　）R4（　）	
9	厂房	□大厂房　□小厂房	
10	财务状况	现金（　）应收款（　）长期贷款（　）短期贷款（　）	
11	其他		

表 3-6-19 ＿＿＿＿＿＿公司第 5 年经营信息汇总表（七）

序号	信息类别	信息内容	备注
1	生产规模	手工线（　条）半自动线（　条）自动线（　条）柔性线（　条）	
2	产品研发	□P1　□P2　□P3　□P4	
3	市场占有	□本地　□区域　□国内　□亚洲　□国际	
4	资格认证	□ISO9000　□ISO14000	
5	库存产品	P1（　）P2（　）P3（　）P4（　）	
6	在制品	P1（　）P2（　）P3（　）P4（　）	
7	库存原料	R1（　）R2（　）R3（　）R4（　）	
8	在途原料	R1（　）R2（　）R3（　）R4（　）	
9	厂房	□大厂房　□小厂房	
10	财务状况	现金（　）应收款（　）长期贷款（　）短期贷款（　）	
11	其他		

【检查】

公司第 5 年运行计划完成情况见表 3-6-20。

表 3-6-20 　　　　　　公司第 5 年运行计划完成情况

观测指标		计划情况	实际执行情况
销售预算	销售数量		
	单价		
	销售收入		
最大可交货量（最大可受订单）	库存		
	生产能力		
经营规划	生产计划		
	采购计划		
设备投资规划	厂房投资或租赁计划		
	设备转产、新购或变卖计划		
营销策划方案	广告方案		
	市场开发计划		
	产品研发计划		
	资格认证计划		
融资计划	资金预算		
	融资计划		

【评估】

公司第 5 年年度运营总结见表 3-6-21。

表 3-6-21 　　　　　　公司第 5 年年度运营总结

1. 经过今年的经营，您觉得企业在哪些方面还存在不足？	
战略制定与执行	
产品研发	
生产管理	
人力资源管理	
市场营销	
财务	
其他	
2. 未来几年，您觉得企业应在哪些方面有所改进？	
战略制定与执行	
产品研发	
生产管理	
人力资源管理	

续表

2. 未来几年，您觉得企业应在哪些方面有所改进？

市场营销	
财务	
其他	

3. 经过今年的经营，您的哪些知识得到了应用？您还要学习哪些新知识？

4. 您的哪些能力存在不足？哪些能力需要加强？

任务 3-7　第 6 年运营对抗训练

【咨讯】

团队管理（Team Management）指在一个组织中，依成员工作性质、能力组成各种小组，参与组织各项决定和解决问题等事务，以提高组织生产力和达成组织目标。基本上，小组是组织的基本单位。若是成员能力具有互补性，形成异质性团队（Heterogeneous Team），其效果较佳，因为可从不同观点讨论，激发更有创意或更独特的问题解决方式。团队管理基础在于团队，其成员人数可在 2 至 25 人之间，理想上少于 10 人较佳。而团队建立适当与否，直接影响团队管理成效。团队管理乃是运用成员专长，鼓励成员参与及相互合作，致力于组织发展，所以可说是合作式管理（Collaborative Management），亦是一种参与式管理（Participative Management）。随着组织工作复杂性日益增多，很多工作实难靠个人独立完成，必须有赖于团队合作才能发挥力量，所以团队管理有时代需求性。各种不同功能性的团队管理（Cross-functional Team Management），对于激发成员潜能、协助问题解决、增进成员组织认同、提升组织效率与效能，具有一定的作用。

现代管理过程中越来越注重团队这一概念。管理专家建议重新构建组织，以便利于团队工作；领导者也向组织阐述团队工作方法的好处和重要性。20 世纪 80 年代和 90 年代，经营管理方面的流行术语是组织文化（Organizational Culture），现在团队工作（Team Working）则成了管理界推崇的理念，有趋势表明过去统治整个世界几百年的科层制将在不远的将来消失，代之而行的是以团队为基础的工作模式。实践证明团队有着巨大的潜力。越来越多的组织已经发现，相比与其他工作方式，以团队为基础的工作模式取得了巨大的成绩。在企业部门实行团队管理后，生产水平和利润都取得了增加，公司也提高了销售额并改进了经营战略；在公共部门，实行团队管理后，任务完成得更彻底并更有效率，对顾客的服务也有大幅度的提高。有研究报告表明，无论是企业还是公共部门，团队工作提高了员工的道德水平。

团队工作不同于一般的工作在于它是一个管理矛盾的过程。回顾一下团队工作过程中的五个冲突的矛盾，管理者必须理解和接受，并尽可能地平衡这些矛盾。

(1) 容纳个人的不同和集体的一致、目标

第一个矛盾是需要包容个体的不同和达到集体的一致、目标。团队的有效性常常需要混合不同的个体。团队为了从多样性中获益，它必须具有允许不同声音、观点、风格、优先权等表达的过程。这些不同的声音实际上带来了开放，也不可避免地带来了冲突，甚至有团队成员之间的竞争。过多的冲突和竞争会导致一个"胜负"的问题，而不是合作解决问题的方法。这样做的目的是集合个体的

不同，从而激励他们追求团队的共同目标。有效的团队允许个体的自由和不同，但是所有团队成员必须遵守适当的下级目标或团队日程安排。

（2）鼓励团队成员之间的支持和对抗

如果团队成员的多样性得到承认，不同的观点被鼓励，团队需要发展一种成员之间互相激励和支持的文化。在这种文化环境下，团队成员之间有一种内聚性。他们对其他人的想法真正感兴趣，他们想听到并且区分谈论的内容，他们愿意接受其他具有专长、信息或经验并且和当前的任务或决策相关的人员的领导和影响。但是，如果团队成员太过于互相支持，他们会停止互相对抗。在内聚力非常强的团队中，当提出不同意见时，保护和谐与友好关系的强硬规范会发展成为"整体思想"，成员将会抑制他们个人的想法和感受，不会再互相批评对方的决策和行动，这时需要付出相当大的个人成本。这样团队决策时将不会出现不同意见，因为没有一个人想制造冲突。如果持续出现这种情况，团队成员很可能产生压抑的挫折感，他们将只是想"走自己的路"，而不是真正解决问题。有效的团队要想办法允许冲突，而又不至于因此而受损。

（3）注意业绩、学习和发展

第三个矛盾是同时兼顾当前的业绩和学习。管理者不得不在"正确的决策"和未来的经验积累的支出之间选择。犯错误应该被认为是学习付出的成本，而不是作为惩罚的原因，这将鼓励发展和革新。

（4）在管理者权威和团队成员的判断力、自治之间取得平衡

第四个矛盾就是在管理者权威和团队成员的判断力以及团队自治之间取得微妙的平衡。管理者不能推脱团队业绩最终的责任，授权并不意味着放弃控制。给团队成员越多的自治，他们遵守共同的日程就显得越重要。有效的团队是灵活的，他们可以在管理者权威和最适合的团队解决方案之间取得平衡。实际上，在功能完善的团队，成员之间高度互相信任，管理者在做出某些决定时不必讨论、也不必解释。相反，无效的团队中缺乏信任感，即使管理者做最明白的事情或无关紧要的建议，团队成员都要提出疑问。

（5）维护关系三角

对于管理者来说，由于他们最终具有正式的权威，而不是团队成员，所以他们理解这一点非常重要。团队管理者的作用是管理关系三角：管理者、个体、团队，三者处于等边三角形的三个顶点。管理者必须关心三方面的关系：他们和每一个团队成员个体的关系；他们和作为整体的团队的关系；每一个团队成员个体和团队整体的关系。任何一条关系都会受其他两条关系影响。当管理者不能很好地管理这个关系三角求得平衡时，团队成员之间的不信任和不良影响将呈螺旋式向下蔓延。

（6）团队管理的挑战

由于团队的复杂性，使得很多团队不能充分发挥他们的潜能。有效的团队不是自然形成的，管理者必须提前把团队成员团结在一起。很多管理者逐渐明白如

果他们在管理团队过程中和团队成员分担责任和权威——从管理团队边界到管理团队本身，团队会更有效。如果所有团队成员齐心协力，将取得有效的团队业绩。人们又一次看到，授权是管理者面对竞争现实可以依赖的工具。一位优秀的团队管理者发现："我最终认识到我的责任包括把优秀的人员集合起来，创造良好的环境，然后制定出解决问题的方案。"当然，在事情进展过程中，这个责任说起来容易，做起来难。

为发挥团队管理的效果，每位成员须先了解小组目标与使命及个人角色和责任；其次成员亦须了解如何完成小组任务；最后要能积极投入达成小组目标的任务中。由于沟通在团队管理中扮演着相当重要的角色，如能事先举办讲习会，建立成员有效沟通技巧，可使团队管理有良好效果。

团队管理是未来管理的新取向，但不能陷入团队管理的迷思，认为所有的团队都是好的，成员在一起就是一种团队、彼此会相互喜欢等，都不是务实的看法，只有在一个开放、沟通顺畅的环境下，才能发挥团队管理的功能。

【计划】

请根据任务3-7的要求，由CEO组织公司全体成员认真讨论第6年各种产品和不同市场的需求状况，明确时间安排和注意事项，制订年度运营计划，并根据计划完成年度各项运营任务。

【决策】

经过小组商议，就第6年实战运营任务作如下研讨安排（表3-7-1）。

表3-7-1 ＿＿＿＿＿＿公司第6年运营研讨安排

讨论议题	第5年运营
主持人	
讨论时间	
讨论地点	
讨论流程	
发言要求	
记录员	
决议方式	
决议宣读人	
记录要求	
其他	

【实施】

第6年公司运营对抗训练实施见表3-7-2～表3-7-19。

表 3-7-2　　　　　　　　公司第 6 年广告投放表　　　　　　单位：M

市　场	P1	P2	P3	P4	ISO9000	ISO14000	合　计
本地							
区域							
国内							
亚洲							
国际							
合计							

表 3-7-3　　　　　　　　公司第 6 年订单登记表

订单编号						合　计
市场						
产品						
数量						
销售额						
成本						
毛利						
规定交货期						
实际交货期						
货款账期						
货款收回期						

表 3-7-4　　　　　　　　公司第 6 年交货计划表

品　种	第 1 季度交货量	第 2 季度交货量	第 3 季度交货量	第 4 季度交货量	合计交货量
P1					
P2					
P3					
P4					

表 3-7-5 ＿＿＿＿＿＿公司第 6 年生产计划表

类别		年初	第1季度	第2季度	第3季度	第4季度	数量合计	成本合计
完工产品数量	P1							
	P2							
	P3							
	P4							
投产产品数量	P1							
	P2							
	P3							
	P4							
在产产品数量	P1							
	P2							
	P3							
	P4							
交货产品数量	P1							
	P2							
	P3							
	P4							
剩余产品库存	P1							
	P2							
	P3							
	P4							

表 3-7-6 ＿＿＿＿＿＿公司第 6 年生产线建设与使用表

序 号	生产线	年初状态	第1季度	第2季度	第3季度	第4季度
1						
2						
3						
4						
5						
6						
7						
8						
9						
10						

表 3-7-7 ＿＿＿＿＿＿公司第 6 年采购计划表

类别		年初数量	第1季度	第2季度	第3季度	第4季度	数量合计	成本合计
原料采购数量	R1							
	R2							
	R3							
	R4							

续表

类 别		年初数量	第1季度	第2季度	第3季度	第4季度	数量合计	成本合计
原料入库数量	R1							
	R2							
	R3							
	R4							
原料耗用数量	R1							
	R2							
	R3							
	R4							
原料库存剩余	R1							
	R2							
	R3							
	R4							

表3-7-8 _____公司第6年现金预算表　　　　单位：M

项　目	第1季度	第2季度	第3季度	第4季度
期初库存现金				
支付上年应交税				
市场广告投入				
贴现费用				
支付短贷利息				
支付到期短贷				
原材料采购支付现金				
转产费用				
生产线投资				
产品生产加工费				
收到现金前的所有支出				
产品研发现金支出				
应收款到期收到现金				
支付管理费用				
购买/租用厂房支付现金				
支付设备维护费				
新市场开拓				
ISO资格投资				
计提折旧				（　　）
库存现金余额				
融资安排				

要点记录

第1季度：_____

第2季度：_____

第3季度：_____

第4季度：_____

表 3-7-9 _____公司第 6 年企业经营流程表

操作顺序	企业经营流程	第1季度	第2季度	第3季度	第4季度
年初	请各公司 CEO 带领公司成员严格按顺序执行下列各项操作。每执行完一项操作，CEO 请在相应的方格内打钩，公司各成员根据自己的职责在方格中填写现金、产品和原料等具体情况。				
年初	新年度规划会议				
	支付广告费/参加订货会/登记销售订单				
	制订新年度计划				
	支付应交税				
1	季初盘点（请填现金、产品或原料数量）				
2	更新短期贷款/短期贷款还本付息				
3	申请短期贷款				
4	更新应付款/归还应付款				
5	原材料入库/更新原料订单				
6	下原料订单				
7	更新生产/完工入库				
8	投资生产线/变卖生产线/生产线转产				
9	紧急采购原料/原料变现				
10	开始下一批生产				
11	更新应收款/应收款收现				
12	出售厂房				
13	紧急采购产品/出售库存产品				
14	按订单交货				
15	产品研发投资				
16	支付行政管理费				
17	其他现金收支情况登记				
18	收入合计（请填现金、产品或原料数量）				
19	支出合计（请填现金、产品或原料数量）				
20	季末对账（请填现金、产品或原料数量）				
年末	支付长贷利息/更新长期贷款				
	申请长期贷款				
	支付设备维护费				
	支付租金/购买厂房				
	计提折旧				（ ）
	市场开拓/换取市场资格证				
	ISO 认证投资/ISO 资格换证				
	缴纳违约订单罚款				
	结账				

表 3-7-10 ＿＿＿＿＿＿公司第 6 年综合费用表　　　单位：M

序号	项目	金额	备注
1	管理费		
2	广告费		
3	维修费		
4	租金		
5	转产费		
6	市场准入开拓		□本地　□区域　□国内　□亚洲　□国际
7	ISO 资格认证		□ISO9000　　□ISO14000
8	产品研发		P1（　）　P2（　）　P3（　）　P4（　）
9	损失		
10	合计		

表 3-7-11 ＿＿＿＿＿＿公司第 6 年损益表　　　单位：M

序号	项目	去年数	今年数
1	销售收入		
2	直接成本		
3	毛利		
4	综合费用		
5	折旧前利润		
6	折旧		
7	支付利息前利润		
8	财务费用（利息+贴息）		
9	税前利润		
10	所得税		
11	净利润		

表 3-7-12 ＿＿＿＿＿＿公司第 6 年资产负债表　　　单位：M

序号	资产	年初数	年末数	负债和所有者权益	年初数	年末数
1	流动资产：			负债：		
2	现金			长期负债		
3	应收账款			一年内到期的长贷		
4	在制品			短期负债		
5	成品			应交税金		
6	原料					
7	流动资产合计			负债合计		
8	固定资产：			所有者权益		
9	土地和建筑			股本		

续表

序号	资产	年初数	年末数	负债和所有者权益	年初数	年末数
10	机器与设备			利润留存		
11	在建工程			年度净利		
12	固定资产合计			所有者权益合计		
13	资产总计			负债和所有者权益总计		

表3-7-13　　　　　　　公司第6年经营信息汇总表（一）

序号	信息类别	信息内容	备注
1	生产规模	手工线（　条）半自动线（　条）自动线（　条）柔性线（　条）	
2	产品研发	□P1　□P2　□P3　□P4	
3	市场占有	□本地　□区域　□国内　□亚洲　□国际	
4	资格认证	□ISO9000　□ISO14000	
5	库存产品	P1（　）P2（　）P3（　）P4（　）	
6	在制品	P1（　）P2（　）P3（　）P4（　）	
7	库存原料	R1（　）R2（　）R3（　）R4（　）	
8	在途原料	R1（　）R2（　）R3（　）R4（　）	
9	厂房	□大厂房　□小厂房	
10	财务状况	现金（　　）应收款（　　）长期贷款（　　）短期贷款（　　）	
11	其他		

表3-7-14　　　　　　　公司第6年经营信息汇总表（二）

序号	信息类别	信息内容	备注
1	生产规模	手工线（　条）半自动线（　条）自动线（　条）柔性线（　条）	
2	产品研发	□P1　□P2　□P3　□P4	
3	市场占有	□本地　□区域　□国内　□亚洲　□国际	
4	资格认证	□ISO9000　□ISO14000	
5	库存产品	P1（　）P2（　）P3（　）P4（　）	
6	在制品	P1（　）P2（　）P3（　）P4（　）	
7	库存原料	R1（　）R2（　）R3（　）R4（　）	
8	在途原料	R1（　）R2（　）R3（　）R4（　）	
9	厂房	□大厂房　□小厂房	
10	财务状况	现金（　　）应收款（　　）长期贷款（　　）短期贷款（　　）	
11	其他		

表 3-7-15 　　　　　　公司第 6 年经营信息汇总表（三）

序号	信息类别	信息内容	备注
1	生产规模	手工线（　条）半自动线（　条）自动线（　条）柔性线（　条）	
2	产品研发	☐P1　☐P2　☐P3　☐P4	
3	市场占有	☐本地　☐区域　☐国内　☐亚洲　☐国际	
4	资格认证	☐ISO9000　☐ISO14000	
5	库存产品	P1（　　）P2（　　）P3（　　）P4（　　）	
6	在制品	P1（　　）P2（　　）P3（　　）P4（　　）	
7	库存原料	R1（　　）R2（　　）R3（　　）R4（　　）	
8	在途原料	R1（　　）R2（　　）R3（　　）R4（　　）	
9	厂房	☐大厂房　☐小厂房	
10	财务状况	现金（　　）应收款（　　）长期贷款（　　）短期贷款（　　）	
11	其他		

表 3-7-16 　　　　　　公司第 6 年经营信息汇总表（四）

序号	信息类别	信息内容	备注
1	生产规模	手工线（　条）半自动线（　条）自动线（　条）柔性线（　条）	
2	产品研发	☐P1　☐P2　☐P3　☐P4	
3	市场占有	☐本地　☐区域　☐国内　☐亚洲　☐国际	
4	资格认证	☐ISO9000　☐ISO14000	
5	库存产品	P1（　　）P2（　　）P3（　　）P4（　　）	
6	在制品	P1（　　）P2（　　）P3（　　）P4（　　）	
7	库存原料	R1（　　）R2（　　）R3（　　）R4（　　）	
8	在途原料	R1（　　）R2（　　）R3（　　）R4（　　）	
9	厂房	☐大厂房　☐小厂房	
10	财务状况	现金（　　）应收款（　　）长期贷款（　　）短期贷款（　　）	
11	其他		

表 3-7-17 ＿＿＿＿＿＿公司第 6 年经营信息汇总表（五）

序号	信息类别	信息内容	备注
1	生产规模	手工线（　条）半自动线（　条）自动线（　条）柔性线（　条）	
2	产品研发	□P1　□P2　□P3　□P4	
3	市场占有	□本地　□区域　□国内　□亚洲　□国际	
4	资格认证	□ISO9000　□ISO14000	
5	库存产品	P1（　）P2（　）P3（　）P4（　）	
6	在制品	P1（　）P2（　）P3（　）P4（　）	
7	库存原料	R1（　）R2（　）R3（　）R4（　）	
8	在途原料	R1（　）R2（　）R3（　）R4（　）	
9	厂房	□大厂房　□小厂房	
10	财务状况	现金（　）应收款（　）长期贷款（　）短期贷款（　）	
11	其他		

表 3-7-18 ＿＿＿＿＿＿公司第 6 年经营信息汇总表（六）

序号	信息类别	信息内容	备注
1	生产规模	手工线（　条）半自动线（　条）自动线（　条）柔性线（　条）	
2	产品研发	□P1　□P2　□P3　□P4	
3	市场占有	□本地　□区域　□国内　□亚洲　□国际	
4	资格认证	□ISO9000　□ISO14000	
5	库存产品	P1（　）P2（　）P3（　）P4（　）	
6	在制品	P1（　）P2（　）P3（　）P4（　）	
7	库存原料	R1（　）R2（　）R3（　）R4（　）	
8	在途原料	R1（　）R2（　）R3（　）R4（　）	
9	厂房	□大厂房　□小厂房	
10	财务状况	现金（　）应收款（　）长期贷款（　）短期贷款（　）	
11	其他		

表 3-7-19　公司第 6 年经营信息汇总表（七）

序号	信息类别	信息内容	备注
1	生产规模	手工线（　条）半自动线（　条）自动线（　条）柔性线（　条）	
2	产品研发	□P1　□P2　□P3　□P4	
3	市场占有	□本地　□区域　□国内　□亚洲　□国际	
4	资格认证	□ISO9000　□ISO14000	
5	库存产品	P1（　）P2（　）P3（　）P4（　）	
6	在制品	P1（　）P2（　）P3（　）P4（　）	
7	库存原料	R1（　）R2（　）R3（　）R4（　）	
8	在途原料	R1（　）R2（　）R3（　）R4（　）	
9	厂房	□大厂房　□小厂房	
10	财务状况	现金（　）应收款（　）长期贷款（　）短期贷款（　）	
11	其他		

【检查】

公司第 6 年运行计划完成情况见表 3-7-20。

表 3-7-20　　　　　　　公司第 6 年运行计划完成情况

观测指标		计划情况	实际执行情况
销售预算	销售数量		
	单价		
	销售收入		
最大可交货量（最大可受订单）	库存		
	生产能力		
经营规划	生产计划		
	采购计划		
设备投资规划	厂房投资或租赁计划		
	设备转产、新购或变卖计划		
营销策划方案	广告方案		
	市场开发计划		
	产品研发计划		
	资格认证计划		
融资计划	资金预算		
	融资计划		

【评估】

公司第 6 年年度运营总结见表 3-7-21。

表 3-7-21 ＿＿＿＿＿＿公司第 6 年年度运营总结

1. 经过今年的经营，您觉得企业在哪些方面还存在不足？	
战略制定与执行	
产品研发	
生产管理	
人力资源管理	
市场营销	
财务	
其他	
2. 未来几年，您觉得企业应在哪些方面有所改进？	
战略制定与执行	
产品研发	
生产管理	
人力资源管理	
市场营销	
财务	
其他	
3. 经过今年的经营，您的哪些知识得到了应用？您还要学习哪些新知识？	
4. 您的哪些能力存在不足？哪些能力需要加强？	

项目 4
训练总结

能力目标

1. 能运用流利的语言说明团队管理的体验。
2. 能根据运营过程分析运营的经验教训。
3. 能根据运营过程分析工具在企业中的作用。
4. 能够根据上述分析撰写课程训练总结报告。

知识目标

1. 了解企业生产管理运营的基本知识。
2. 理解工具和冲突在企业运营中的作用。
3. 掌握总结报告的撰写方法。

项目分解

任务编号	任务名称	建议课时	教学准备
4-1	总结团队管理的体验	1	团队（冲突）管理
4-2	总结沙盘运行过程的经验教训	1	鱼骨分析法
4-3	研讨企业运营的瓶颈	0.5	头脑风暴法
4-4	分析辅助决策工具的意义	0.5	辅助沙盘工具
4-5	编写训练总结报告	1	总结报告样本

任务 4-1　总结团队管理的体验

【咨讯】

1. 角色分配

我们是_____公司，表 4-1-1 是我们公司的组织机构情况。

表 4-1-1　_____公司组织机构表

角　色	姓　名	主要职责
首席执行官（CEO）		
财务总监（CFO）		
营销总监（CMO）		
生产总监（CPO）		
采购总监（CLO）		
商业间谍		
助理人员		

2. 冲突管理

冲突是指人们由于某种抵触或对立状况而感知到的不一致的差异。冲突管理即指在一定的组织中对各种冲突的管理。从管理领域来看，对组织中存在的冲突形成了三种不同的观点。第一种为传统的冲突观点，认为冲突是有害的，会给组织造成不利影响。冲突成为组织机能失调、非理性、暴力和破坏的同义词。因此，传统观点强调管理者应该尽可能避免和清除冲突。第二种为冲突的人际关系观点，认为冲突是任何组织无法避免的自然现象，不一定给组织带来不利的影响，而且有可能成为有利于组织工作的积极动力。既然冲突是不可避免的，管理者就应该接纳冲突，承认冲突在组织中存在的必然性和合理性。第三种是新近产生的冲突的互动作用观点。与人际关系观点只是被动地接纳冲突不同，互动作用观点强调管理者要鼓励有益的冲突，认为融洽、和平、安宁、合作的组织容易对变革和革新的需要表现为静止、冷漠和迟钝，一定水平的有益的冲突会使组织保持旺盛的生命力，善于自我批评和不断革新。

冲突管理从功能上可以分为积极冲突和消极冲突。对管理冲突性质的认定，是我们确定对其态度和策略的前提。因此，从性质上区分管理冲突是属于积极类型的还是消极类型的，就不仅具有重要的理论价值，还具有重要的现实意义。只有对管理冲突的性质判定准确、真正把握，才能端正态度，采取行之有效的相应措施和政策：给消极性质的管理冲突以有效的抑制、消除和排解；对积极性质的管理冲突给以充分展开和有效利用，从而达到调适冲突、推动事业的目的。

从隶属关系上可以把冲突分为与上级冲突、与下级冲突、与同级冲突。管理冲突，在一定意义上我们可以把它归结为一种系统内部的结构要素冲突。这里需要指出的是，我们所说的系统，是指一个较大的系统，包括管理主体、管理客体和管理过程，而不是仅指这个系统中的某个子系统或者小系统。由于与上级冲突、与下级冲突、与同级冲突各自存在的前提和依据不同，因而其冲突的表现形式和解决方式也可能有所不同。一是关于与上级冲突。由于上级处于主导地位，是管理的主体，所以作为下级，在一般情况下，有意见可以提，有要求可以说，但只能通过用说理和动情的方式，去实现目的，使冲突和分歧朝着有利于自己的方向发展。一旦不能达到目的，应该善于放弃，服从上级，这是由组织原则决定的。二是关于与下级冲突。笔者认为这应该区分是工作性冲突还是非工作性冲突。工作性冲突，尤其是上级对下属实施的批评教育、矫正以及其他规范，这是领导职能在管理上的体现，作为上级必须坚持原则，坚持到底，不可中途妥协，不可无原则退让，否则就可能养成不好惯例，为以后工作埋下祸患。非工作性冲突，则恰恰相反。作为上级应该有妥协、有退让和有风格，这样方显领导情操、水平和身份。三是关于与同级冲突。同级管理者之间的冲突，由于其前提是同级，因而其表现形式往往比较隐蔽，其解决方式往往多是调和，其最终结果往往是各方退让。一些时候还需要领导参与解决，形成居高临下的裁判态势。

从来源上说，冲突又可以分为管理主体内部冲突、管理客体内部冲突和管理主体与管理客体交叉冲突。

为确保组织的冲突维持在一个合适的程度，管理者通常会考虑按照以下步骤缓解或提升冲突。

① 审慎地选择要处理的冲突问题。

② 评估冲突当事人。

③ 分析冲突原因和根源。一般来说，导致冲突的原因有三大类：沟通不良容易造成双方的误解；角色要求、决策目标、绩效标准和资源分配等不同而产生的立场和观点的差异；人格差异使得有些人表现出尖刻、隔离、不可信任、不易合作。

④ 采取切实有效的解决冲突的策略，或回避、冷处理，或强制、支配，或迁就、忍让，或折中、妥协，或合作、协同。在处理方式上，要冷静公正、不偏不倚，充分听取双方意见，处理时要建立共同的目标，并要有严密的规章制度。具体的操作过程中可以选择下列9种方法作为参考：

a. 做大馅饼：双方如何各取所需？是否存在资源短缺？如何扩大关键性资源？创造性地将原先冲突的资源扩大，产生更多的资源。

b. 滚木法：我的重要和次要问题是什么？双方的重要和次要问题是什么？我的重要问题在对方是次要问题吗？对方重要问题在我是次要问题吗？双方是否都把可以分开的问题拴在一起？

c. 交易法：对方的目的和价值观是什么？我如何才能满足对方的目的和价值观？

d. 减轻代价：我的建议给对方造成哪些风险和代价？如何降低风险、减轻成本？冲突时替对方考虑，如何让对方能赢。

e. 目标升级：出现冲突时，提出一个新的高层次的共同目标，该目标不经冲突双方的协作努力是不可能达到的。

f. 搭桥法：对方的建议是想要解决哪些关切点？我的建议是想要解决哪些关切点？在这些关切点中，双方的优先选择是什么？怎样才能满足双方的优先选择？总之，相互寻找共同点，建立冲突中的"桥梁"。

g. 谈判法：双方选出谈判代表，明确双方目标底线与期望上限，并彼此为对方找台阶下。同时双方要明白天下没有全赢的谈判，退一步海阔天空。

h. 调解法：调解人要清楚说明调解事由与目标，在立场上要扮演桥梁的角色，创造互信的气氛，缓和冲突场面。调解时引导双方寻找解决之道，不宜主动提出解决的方案。应记录双方发言的重点，最后供双方确认。调解成功要将调解方案内容印发给双方，并签名负责。

i. 权威法：这一般适用于情况紧迫时。当冲突双方通过协商不能解决时，可以由上级主管部门作出裁决，按"下级服从上级"的组织原则，强制冲突双方执行上级的决定或命令。

⑤ 在必要的时候，管理者可以通过运用改变组织文化、重新构建组织、加强沟通、引进外人或重用吹毛求疵者等策略激发一定水平的冲突。

3. 团队冲突

公司历年团队冲突见表 4-1-2。

表 4-1-2 ＿＿＿＿＿＿公司历年团队冲突

年　份	冲突表现	冲突解决办法
第1年		
第2年		
第3年		
第4年		
第5年		
第6年		

【计划】

请本公司按照任务 4-1 的要求,组织讨论如何总结企业经营中团队管理的体验感受,确定讨论范围及注意事项。

【决策】

经过小组商议,决定作如下研讨安排(表 4-1-3)。

表 4-1-3　团队管理体验研讨安排

讨论议题	团队管理体验
主持人	
讨论时间	
讨论地点	
讨论流程	
发言要求	
记录员	
决议方式	
决议宣读人	
记录要求	
其他	

【实施】

公司讨论记录见表 4-1-4。

表 4-1-4 ＿＿＿＿＿＿公司讨论记录

讨论议题	团队管理体验
主持人	
讨论时间	
讨论地点	
记录员	
讨论记录	

续表

讨论议题	团队管理体验
主持人	
讨论时间	
讨论地点	
记录员	
讨论记录	

续表

讨论议题	团队管理体验
主持人	
讨论时间	
讨论地点	
记录员	
讨论记录	

【检查】

公司讨论决议见表 4-1-5。

表 4-1-5 ＿＿＿＿＿＿公司讨论决议

根据安排，我们公司全体成员认真分析了 6 年的团队合作，经过小组讨论，我们一致认为，本次运营中我们获得的团队管理体验是：

续表

| |
| |
| _____公司 |
| ___年___月___日 |
| 成员签名： |
| 记录员： |
| 决议宣读人： |

【评估】

团队管理经验评估见表 4-1-6。

表 4-1-6　团队管理体验评估表

自我评估	自我点评要点（侧重于发言内容之外的细节问题）：
组间评估	其他公司点评要点：
教师评估	教师点评要点：

任务 4-2　总结沙盘运行过程的经验教训

【咨讯】

经过 6 年的共同努力,我们顺利完成了运营任务。6 年的运营总结见表 4-2-1 ~ 表 4-2-12。

(1) 财务状况

表 4-2-1　＿＿＿＿＿＿公司历年财务状况

单位:M

报表项目	第1年	第2年	第3年	第4年	第5年	第6年
直接收入						
直接成本						
综合费用						
净利润						
所有者权益						
长期借款						
短期借款						
厂房						
生产线						
在建工程						
存货						
应收账款						
现金						

(2) 市场占有

表 4-2-2　＿＿＿＿＿＿公司历年市场占有态势

市场细分	第1年	第2年	第3年	第4年	第5年	第6年
区域市场						
国内市场						
亚洲市场						
国际市场						

(3) 产品认证

表 4-2-3　＿＿＿＿＿＿公司历年产品认证

产品品种	第1年	第2年	第3年	第4年	第5年	第6年
ISO9000						
ISO14000						

（4）广告投放

表 4-2-4 _____公司历年广告投放

单位：M

市　场	品　种	第1年	第2年	第3年	第4年	第5年	第6年
本地	P1						
本地	P2						
本地	P3						
本地	P4						
本地	ISO9000						
本地	ISO14000						
区域	P1						
区域	P2						
区域	P3						
区域	P4						
区域	ISO9000						
区域	ISO14000						
国内	P1						
国内	P2						
国内	P3						
国内	P4						
国内	ISO9000						
国内	ISO14000						
亚洲	P1						
亚洲	P2						
亚洲	P3						
亚洲	P4						
亚洲	ISO9000						
亚洲	ISO14000						
国际	P1						
国际	P2						
国际	P3						
国际	P4						
国际	ISO9000						
国际	ISO14000						
合计							

按照市场和产品分别汇总，又可分为市场广告投放和产品广告投放。

表 4-2-5 ＿＿＿＿＿公司历年市场广告投放

单位：M

市　场	第1年	第2年	第3年	第4年	第5年	第6年
本地						
区域						
国内						
亚洲						
国际						
合计						

表 4-2-6 ＿＿＿＿＿公司历年产品广告投放

单位：M

市　场	第1年	第2年	第3年	第4年	第5年	第6年
P1						
P2						
P3						
P4						
ISO9000						
ISO14000						
合计						

（5）产品开发

表 4-2-7 ＿＿＿＿＿公司历年产品开发

报表项目	第1年	第2年	第3年	第4年	第5年	第6年
P1						
P2						
P3						
P4						

（6）生产线

表 4-2-8 ＿＿＿＿＿公司历年生产线数量

单位：条

生产线	第1年	第2年	第3年	第4年	第5年	第6年
手工线						
半自动线						
自动线						
柔性线						

(7) 生产能力

表4-2-9 ＿＿＿＿＿＿公司历年生产能力

单位：个

产品品种	第1年	第2年	第3年	第4年	第5年	第6年
P1						
P2						
P3						
P4						

(8) 生产数量

表4-2-10 ＿＿＿＿＿＿公司历年产品产量

单位：个

产品品种	第1年	第2年	第3年	第4年	第5年	第6年
P1						
P2						
P3						
P4						

(9) 销售数量

表4-2-11 ＿＿＿＿＿＿公司历年产品销量

单位：个

产品品种	第1年	第2年	第3年	第4年	第5年	第6年
P1						
P2						
P3						
P4						

(10) 销售收入

表4-2-12 ＿＿＿＿＿＿公司历年产品销售收入

单位：M

产品品种	第1年	第2年	第3年	第4年	第5年	第6年
P1						
P2						
P3						
P4						

【计划】

请本公司按照任务 4-2 的要求,组织讨论 6 年沙盘模拟运营过程中得到的经验和教训,确定讨论范围及注意事项。

【决策】

经过小组商议,决定作如下研讨安排(表 4-2-13)。

表 4-2-13 沙盘运行过程经验教训研讨安排

讨论议题	沙盘运行过程的经验教训
主持人	
讨论时间	
讨论地点	
讨论流程	
发言要求	
记录员	
决议方式	
决议宣读人	
记录要求	
其他	

【实施】

公司讨论记录见表 4 – 2 – 14。

表 4 – 2 – 14　　　　　　　公司讨论记录

讨论议题	沙盘运行过程的经验教训
主持人	
讨论时间	
讨论地点	
记录员	
讨论记录	

续表

讨论议题	沙盘运行过程的经验教训
主持人	
讨论时间	
讨论地点	
记录员	
讨论记录	

续表

讨论议题	沙盘运行过程的经验教训
主持人	
讨论时间	
讨论地点	
记录员	
讨论记录	

【检查】

公司讨论决议见表 4-2-15。

表 4-2-15 ＿＿＿＿＿＿公司讨论决议

	根据安排，我们公司全体成员认真分析了 6 年的运营过程，经过小组讨论，我们一致认为，本次沙盘模拟运营过程中我们获得的经验教训有：
经验	
教训	
	＿＿＿＿＿＿＿公司 ＿＿年＿＿月＿＿日
成员签名：	
记录员：	
决议宣读人：	

【评估】

沙盘运行过程经验教训评估见表 4-2-16。

表 4-2-16 沙盘运行过程经验教训评估表

自我评估	自我点评要点（侧重于发言内容之外的细节问题）：
组间评估	其他公司点评要点：
教师评估	教师点评要点：

任务 4-3 研讨企业运营的瓶颈

【咨讯】

1. 企业管理

企业管理，主要指运用各类策略与方法，对企业中的人、机器、原材料、方法、资产、信息、品牌、销售渠道等进行科学管理，从而实现组织目标的活动。企业管理的内容包括了企业发展过程的全部工作内容：按照管理对象划分，包括人力资源、项目、资金、技术、市场、信息、设备与工艺、作业与流程、文化制度与机制、经营环境等；按照成长过程和流程划分，包括项目调研—项目设计—项目建设—项目投产—项目运营—项目更新—项目二次运营—三次更新等周而复始的多个循环；按照职能或者业务功能划分，包括计划管理、生产管理、采购管理、销售管理、质量管理、仓库管理、财务管理、项目管理、人力资源管理、统计管理、信息管理等；按照层次上下划分，包括经营层面、业务层面、决策层面、执行层面、职工层面等；按照资源要素划分，包括人力资源、物料资源、技术资源、资金、市场与客户、政策与政府资源等。

企业管理是社会化大生产发展的客观要求和必然产物，是由人们在从事交换过程中的共同劳动所引起的。在社会生产发展到一定阶段，一切规模较大的共同劳动，都或多或少地需要进行指挥，以协调个人的活动；通过对整个劳动过程的监督和调节，使单个劳动服从生产总体的要求，以保证整个劳动过程按人们预定的目的正常进行。尤其是在科学技术高度发达、产品日新月异、市场瞬息万变的现代社会中，企业管理就显得愈益重要。

企业管理是逐渐演变的。企业管理的演变是指企业在发展过程中的管理方法和手段的变化必经的过程，通常演变由经验管理阶段、科学管理阶段、文化管理阶段三个阶段构成：

（1）经验管理阶段

企业规模比较小，员工在企业管理者的视野监视之内，所以企业管理靠人治就能够实现。在经验管理阶段，对员工的管理前提是经济人假设，认为人性本恶、天生懒惰、不喜欢承担责任、被动，所以有这种看法的管理者采用的激励方式是以外激为主，胡萝卜加大棒，对员工的控制也是外部控制，主要是控制人的行为。

（2）科学管理阶段

企业规模比较大，靠人治则鞭长莫及，所以要把人治变为法治，但是对人性的认识还是以经济人假设为前提，靠规章制度来管理企业。其对员工的激励和控制还是外部的，通过惩罚与奖励来使员工工作，员工因为期望得到奖赏或害怕惩罚而工作，员工按企业的规章制度去行事，在管理者的指挥下行动，管理的内容是管理员工的行为。

（3）文化管理阶段

企业的边界模糊，管理的前提是社会人假设，认为人性本善，人是有感情的，喜欢接受挑战，愿意发挥主观能动性，积极向上。这时企业要建立相应的以人为本的文化，通过人本管理来实现企业的目标。文化管理阶段时并不是没有经验管理和科学管理，科学管理是实现文化管理的基础，经验仍然是必要的，文化如同软件，制度如同硬件，二者是互补的。只是由于到了知识经济时期，人更加重视个人价值的实现，所以，对人性的尊重显得尤为重要，因此企业管理要以人为本。

2. 战略管理

战略（Strategy）一词最早是军事方面的概念。在西方，"strategy"一词源于希腊语"strategos"，意为军事将领、地方行政长官。后来演变成军事术语，指军事将领指挥军队作战的谋略。在中国，战略一词历史久远，"战"指战争，"略"指谋略。春秋时期孙武的《孙子兵法》被认为是中国最早对战略进行全局筹划的著作。在现代"战略"一词被引申至政治和经济领域，其含义演变为泛指统领性的、全局性的、长远的、左右胜败的谋略、方案和对策。

战略并不是"空的东西"，也不是"虚无"，而是直接左右企业能否持续发展和持续盈利最重要的决策参照系。从企业未来发展的角度来看，战略表现为一种计划（Plan）；从企业过去发展历程的角度来看，战略则表现为一种模式（Pattern）；从产业层次来看，战略表现为一种定位（Position）；从企业层次来看，战略则表现为一种观念（Perspective）；此外，战略也表现为企业在竞争中采用的一种计谋（Ploy）。

管理（Manage）是社会组织中，为了实现预期的目标，以人为中心进行的协调活动。它包括4个含义：管理是为了实现组织未来目标的活动；管理的工作本质是协调；管理工作存在于组织中；管理工作的重点是对人进行管理。管理就是制定、执行、检查和改进。

战略管理（Strategic Management）则是依据企业的战略规划，对企业的战略实施加以监督、分析与控制，特别是对企业的资源配置与事业方向加以约束，最终促使企业顺利达成企业目标；是对企业战略的设计、选择、控制和实施，直至达到企业战略总目标的全过程管理。

安索夫最早在其1976年出版的《从战略规划到战略管理》一书中提出了"企业战略管理"概念，认为企业的战略管理是指将企业的日常业务决策同长期计划决策相结合而形成的一系列经营管理业务。斯坦纳在他1982年出版的《企业政策与战略》一书中则指出，企业战略管理是确定企业使命，根据企业外部环境和内部经营要素确定企业目标，保证目标的正确落实并使企业使命最终得以实现的一个动态过程。战略管理大师迈克尔·波特认为，一项有效的战略管理必须具备独特的价值取向、为客户精心设计的价值链、清晰的取舍、互动性、持久性等五项关键点。

战略管理涉及企业发展的全局性、长远性的重大问题。诸如企业的经营方向、市场开拓、产品开发、科技发展、机制改革、组织机构改组、重大技术改造、筹资融资等等。战略管理的决定权通常由总经理、厂长直接掌握。

企业战略管理具有以下特点：

(1) 整体性

企业战略管理的整体性包括两个方面的含义：首先，将企业战略看成一个完整的过程来加以管理；其次，它将企业视为一个不可分割的整体。企业战略管理强调整体优化，而不是强调企业某一个战略单位或某一个职能部门的重要性。企业战略管理通过制定企业的宗旨、目标、战略和决策来协调企业各个战略经营单位、部门的活动。

(2) 长期性

企业战略管理关心的是企业长期、稳定和高速的发展。企业战略管理的时间跨度一般在 3~10 年。

(3) 权威性

战略管理重视的是企业领导者按照一定程序，对企业重大问题做出抉择并将其付诸实施的过程。企业战略是有效经营的必要前提，要充分发挥战略的整体效益功能，它就必须具有权威性。

(4) 环境适应性

企业战略管理重视的是企业与其外部环境的关系，目的是使企业能够适应、利用环境的变化。企业是与社会不可分割的一个开放的组成部分，它的存在和发展在很大程度上受其外部环境因素的影响。

3. 头脑风暴法

头脑风暴法是一种无限制的自由联想和讨论的方法，目的在于产生新观念或激发创新设想，又称智力激励法、BS 法、自由思考法。它是由美国创造学家、A·F·奥斯本于 1939 年首次提出、1953 年正式发表的一种激发性思维的方法。此法经各国创造学研究者的实践和发展，深受众多企业和组织的青睐。在群体决策中，由于群体成员心理相互作用影响，易屈于权威或大多数人意见，形成所谓的"群体思维"。群体思维削弱了群体的批判精神和创造力，损害了决策的质量。为了保证群体决策的创造性，提高决策质量，管理上发展了一系列改善群体决策的方法，头脑风暴法是较为典型的一个。

采用头脑风暴法组织群体决策时，要集中有关专家召开专题会议，主持者以明确的方式向所有参与者阐明问题，说明会议的规则，尽力创造融洽轻松的会议气氛，由专家们"自由"提出尽可能多的方案。参加人数一般为 5~10 人，最好由不同专业或不同岗位者组成；会议时间控制在 1 小时左右；设主持人一名，主持人只主持会议，对设想不作评论；设记录员 1~2 人，要求认真将与会者每一设想不论好坏都完整地记录下来。

为使与会者畅所欲言，互相启发和激励，达到较高效率，必须严格遵守下列原则：

（1）禁止批评和评论，也不要自谦

对别人提出的任何想法都不能批判、不得阻拦。即使自己认为是幼稚的、错误的，甚至是荒诞离奇的设想，亦不得予以驳斥；同时也不允许自我批判，在心理上调动每一个与会者的积极性，彻底防止出现一些"扼杀性语句"和"自我扼杀语句"。

（2）目标集中，追求设想数量越多越好

在智力激励法实施会上，只鼓励大家提设想，越多越好。会议以谋取设想的数量为目标。

（3）鼓励巧妙地利用和改善他人的设想

这是激励的关键所在。每个与会者都要从他人的设想中激励自己，从中得到启示，或补充他人的设想，或将他人的若干设想综合起来提出新的设想等。

（4）与会人员一律平等，各种设想全部记录下来

与会人员，不论是该方面的专家、员工，还是其他领域的学者以及该领域的外行，一律平等；各种设想，不论大小，甚至是最荒诞的设想，也要求记录人员认真地将其完整地记录下来。

（5）主张独立思考，不允许私下交谈，以免干扰别人思维

（6）提倡自由发言，畅所欲言，任意思考

会议提倡自由奔放、随便思考、任意想象、尽量发挥，主意越新、越怪越好，因为它能启发人推导出好的观念。

（7）不强调个人的成绩

应以小组的整体利益为重，注意和理解别人的贡献，人人创造民主环境，不以多数人的意见阻碍个人新的观点的产生，激发个人追求更多更好的主意。

头脑风暴法的正确运用，可以有效发挥集体的智慧，这就比一个人的设想更富有创意。同类的方法还有美国人卡尔·格雷高里创立的 7×7 法，日本人川田喜的 KJ 法，兰德公司创立的德尔菲法。限于篇幅，这里不再展开介绍。

4. 鱼骨分析法

鱼骨图是由日本管理大师石川馨先生所发展出来的一种发现问题"根本原因"的方法，又名石川图、因果图。问题的特性总是受到一些因素的影响。我们通过头脑风暴找出这些因素，并将它们与特性值一起，按相互关联性整理而成的层次分明、条理清楚，并标出重要因素的图形就叫特性要因图。因其形状如鱼骨，所以又叫鱼骨图（以下称鱼骨图）。

使用鱼骨分析方法查找原因时，可以按照下列的基本步骤展开：

① 查找要解决的问题。

② 把问题写在鱼骨的头上。

③ 召集同事共同讨论问题出现的可能原因，尽可能多地找出问题。
④ 把相同的问题分组，在鱼骨上标出。
⑤ 根据不同问题征求大家的意见，总结出正确的原因。
⑥ 拿出任何一个问题，研究为什么会产生这样的问题。
⑦ 针对问题的答案再问为什么，这样至少深入五个层次（连续问五个问题）。
⑧ 当深入到第五个层次后，认为无法继续进行时，列出这些问题的原因，而后列出至少 20 个解决方法。

【计划】

请本公司按照任务 4-3 的要求，根据各公司对于团队管理的体验和沙盘模拟运行过程中的经验教训，结合上文的企业管理和战略管理资料及相关理论知识，对企业运营的瓶颈因素做理论探讨，确定讨论范围、参考资料选用及注意事项。

【决策】

经过小组商议，决定作如下研讨安排（表 4-3-1）。

表 4-3-1　企业运营瓶颈研讨安排

讨论议题	企业运营的瓶颈
主持人	
讨论时间	
讨论地点	
讨论流程	
发言要求	
记录员	
决议方式	
决议宣读人	
记录要求	
其他	

【实施】

公司讨论记录见表4-3-2。

表4-3-2 ＿＿＿＿＿＿公司讨论记录

讨论议题	企业运营的瓶颈
主持人	
讨论时间	
讨论地点	
记录员	
讨论记录	

续表

讨论议题	企业运营的瓶颈
主持人	
讨论时间	
讨论地点	
记录员	
讨论记录	

续表

讨论议题	企业运营的瓶颈
主持人	
讨论时间	
讨论地点	
记录员	
讨论记录	

【检查】

公司讨论决议见表 4-3-3。

表 4-3-3 _____公司讨论决议

根据安排，我们公司全体成员认真分析了各公司的团队管理体验和沙盘模拟运行过程中的经验教训，查阅了相关理论资料，结合自己对企业运营的认识进行了认真的讨论总结。我们认为，从理论上讲，企业运行过程中的瓶颈因素主要有以下方面：

续表

＿＿＿＿＿＿＿公司 ＿＿年＿＿月＿＿日
成员签名：
记录员：
决议宣读人：

【评估】

研讨企业运营瓶颈评估见表4-3-4。

表4-3-4 研讨企业运营瓶颈评估表

自我评估	自我点评要点（侧重于发言内容之外的细节问题）：
组间评估	其他公司点评要点：
教师评估	教师点评要点：

任务 4-4 分析辅助决策工具的意义

【咨讯】

1. 决策辅助工具

决策就是为了到达一定目标，采用一定的科学方法和手段，从两个以上的方案中选择一个满意方案的分析判断过程。"管理就是决策"，就是指通过分析、比较，在若干种可供选择的方案中选定最优方案的过程。决策的进程一般分为 4 个步骤：

① 发现问题并形成决策目标，包括建立决策模型、拟定方案和确定效果度量，这是决策活动的起点。

② 用概率定量地描述每个方案所产生的各种结局的可能性。

③ 决策人员对各种结局进行定量评价，一般用效用值来定量表示。效用值是有关决策人员根据个人才能、经验、风格以及所处环境条件等因素，对各种结局的价值所作的定量估计。

④ 综合分析各方面信息，以最后决定方案的取舍，有时还要对方案作灵敏度分析，研究原始数据发生变化时对最优解的影响，决定对方案有较大影响的参量范围。

由于问题的复杂性，决策往往不可能一次完成，而是一个迭代过程。为了保证顺利进行决策，决策者往往会使用一些辅助手段，这就是决策辅助工具。工具原指工作时所需用的器具，后引申为达到、完成或促进某一事物的手段。决策辅助工具可以是机械性的，也可以是智能性的，它的运用可以改变决策效率与决策质量。决策支持系统是现代决策过程中广泛应用的决策辅助工具。

决策支持系统（Decision Support System，DSS）是辅助决策者通过数据、模型和知识，以人机交互方式进行半结构化或非结构化决策的计算机应用系统。它是管理信息系统（MIS）向更高一级发展而产生的先进信息管理系统，为决策者提供分析问题、建立模型、模拟决策过程和方案的环境，调用各种信息资源和分析工具，帮助决策者提高决策水平和质量。

自从 20 世纪 70 年代决策支持系统概念被提出以来，决策支持系统已经得到很大的发展。1980 年 Sprague 提出了决策支持系统三部件结构（对话部件、数据部件与模型部件），明确了决策支持系统的基本组成，极大地推动了决策支持系统的发展。

20 世纪 80 年代末 90 年代初，决策支持系统开始与专家系统（Expert System，ES）相结合，形成智能决策支持系统（Intelligent Decision Support System，IDSS）。智能决策支持系统充分发挥了专家系统以知识推理形式解决定性分析问题的特点，又发挥了决策支持系统以模型计算为核心的解决定量分析问题的特点，充分做到了定性分析和定量分析的有机结合，使得解决问题的能力和范围得到了一个大的发展。智能决策支持系统是决策支持系统发展的一个新阶段。

20世纪90年代中期出现了数据仓库（Data Warehouse，DW）、联机分析处理（On-Line Analysis Processing，OLAP）和数据挖掘（Data Mining，DM）新技术，DW＋OLAP＋DM逐渐形成新决策支持系统的概念，为此，将智能决策支持系统称为传统决策支持系统。新决策支持系统的特点是从数据中获取辅助决策信息和知识，完全不同于传统决策支持系统用模型和知识辅助决策。传统决策支持系统和新决策支持系统是两种不同的辅助决策方式，两者不能相互代替，应该是互相结合。

把数据仓库、联机分析处理、数据挖掘、模型库、数据库、知识库结合起来形成的决策支持系统，即将传统决策支持系统和新决策支持系统结合起来的决策支持系统是更高级形式的决策支持系统，称为综合决策支持系统（Synthetic Decision Support System，SDSS）。综合决策支持系统发挥了传统决策支持系统和新决策支持系统的辅助决策优势，实现了更有效的辅助决策。

由于Internet的普及，网络环境的决策支持系统将以新的结构形式出现。决策支持系统的决策资源，如数据资源、模型资源、知识资源，将作为共享资源，以服务器的形式在网络上提供并形成共享服务，为决策支持系统开辟一条新路。网络环境的决策支持系统是决策支持系统的发展方向。

知识经济时代的管理——知识管理（Knowledge Management，KM）与新一代Internet技术——网格计算，都与决策支持系统有一定的关系。知识管理系统强调知识共享，网格计算强调资源共享。决策支持系统是利用共享的决策资源（数据、模型、知识）辅助解决各类决策问题，基于数据仓库的新决策支持系统是知识管理的应用技术基础。在网络环境下的综合决策支持系统将建立在网格计算的基础上，充分利用网格上的共享决策资源，达到随需应变的决策支持。

2. 企业资源计划

企业资源计划（Enterprise Resource Planning，ERP）是针对物资资源管理（物流）、人力资源管理（人流）、财务资源管理（财流）、信息资源管理（信息流）集成一体化的企业管理软件。

（1）ERP的发展历史与现状

20世纪40年代，计算机系统还没有出现，为了解决库存控制问题，人们提出了订货点法。到了60年代，随着计算机系统的发展，使得短时间内对大量数据进行复杂运算成为可能，于是人们提出了物料需求计划（MRP）理论。70年代，随着人们认识的加深及计算机系统的进一步普及，MRP的理论范畴也得到了发展，为解决采购、库存、生产、销售的管理，发展了生产能力需求计划、车间作业计划以及采购作业计划理论，形成了闭环MRP。80年代，计算机网络技术发展，企业内部信息得到充分共享，MRP的各子系统也得到了统一，形成了一个集采购、库存、生产、销售、财务、工程技术等为一体的子系统，MRPⅡ理论初步形成。到了90年代，市场竞争进一步加剧，企业竞争的空间和范围进一步扩大，80 年代主要面向企业内部资源全面管理的思想随之逐步发展成为怎样有效利用和管理整体资源的管理思想。1993 年美国加特纳公司根据当时计算机信息、IT 技术发展及企业对供应链管理的需求，预测在今后信息时代企业管理信息系统的发展趋势和变革，首先提出了 ERP 的概念。

在引入 ERP 之前，企业内信息的交流大部分是通过纸张的传递。尽管有的企业已经存在这样那样的网络系统，但人们还是习惯于通过有形的文件来传达信息。ERP 改变了这种局面，它将组织中的各个功能模块有机地集成起来，共同运作。如今 ERP 已经广泛流行起来，在世界范围内，ERP/MRP Ⅱ 的供应商主要有 SAP、ORACLE、BAAN 和 Peoplesoft 几家大公司，其中尤以 SAP 公司的 SAPR/3 风头为盛。在我国自主研发的主流的 ERP 包括北京用友股份有限公司的 U8、U9 和 NC 系统以及金蝶国际集团的 K/3 系统。

（2）ERP 的主要功能架构

在企业中，使用 ERP 管理主要涉及财务管理（会计核算、财务管理）、生产控制（计划、制造）和物流管理（分销、采购、库存管理）三方面的内容。这三大系统本身就是集成体，它们互相之间有相应的接口，能够很好地整合在一起来对企业进行管理。另外随着企业对人力资源管理重视的加强，已经有越来越多的 ERP 供应商将人力资源管理纳入了 ERP 系统，成为 ERP 系统的一个重要组成部分。

1）财务管理模块

企业中，清晰分明的财务管理是极其重要的。所以，在 ERP 整个方案中它是不可或缺的一部分。ERP 中的财务模块与一般的财务软件不同，作为 ERP 系统中的一部分，它和系统的其他模块有相应的接口，能够相互集成，比如，它可将由生产活动、采购活动输入的信息自动计入财务模块生成总账、会计报表，取消了输入凭证烦琐的过程，几乎完全替代以往传统的手工操作。一般的 ERP 软件的财务部分分为会计核算与财务管理两大块。

- 会计核算

会计核算主要是记录、核算、反映和分析资金在企业经济活动中的变动过程及其结果。它由总账、应收账、应付账、现金、固定资产、多币制等部分构成。

总账模块功能是处理记账凭证输入、登记，输出日记账、一般明细账及总分类账，编制主要会计报表。它是整个会计核算的核心，应收账、应付账、固定资产核算、现金管理、工资核算、多币制等各模块都以其为中心来互相传递信息。

应收账模块指企业应收的由于商品赊欠而产生的正常客户欠款账。它包括发票管理、客户管理、付款管理、账龄分析等功能。它和客户订单、发票处理业务相联系，同时将各项事件自动生成记账凭证，导入总账。

应付账模块是企业应付购货款等账，它包括了发票管理、供应商管理、支票管理、账龄分析等。它能够和采购模块、库存模块完全集成以替代过去烦琐的手工操作。

现金管理模块是对现金流入流出的控制以及零用现金及银行存款的核算。它包括了对硬币、纸币、支票、汇票和银行存款的管理。在ERP中提供了票据维护、票据打印、付款维护、银行清单打印、付款查询、银行查询和支票查询等和现金有关的功能。此外，它还和应收账、应付账、总账等模块集成，自动产生凭证，过入总账。

固定资产核算模块主要负责完成对固定资产的增减变动以及折旧有关基金计提和分配的核算工作。它能够帮助管理者对目前固定资产的现状有所了解，并能通过该模块提供的各种方法来管理资产，以及进行相应的会计处理。它的具体功能有：登录固定资产卡片和明细账；计算折旧；编制报表；自动编制转账凭证，并转入总账。它和应付账、成本、总账模块集成。

多币制模块是为了适应当今企业的国际化经营，对外币结算业务的要求增多而产生的。多币制将企业整个财务系统的各项功能以各种币制来表示和结算，且客户订单、库存管理及采购管理等也能使用多币制进行交易管理。多币制和应收账、应付账、总账、客户订单、采购等各模块都有接口，可自动生成所需数据。

工资核算模块自动进行企业员工的工资结算、分配、核算以及各项相关经费的计提。它能够登录工资、打印工资清单及各类汇总报表，计算计提各项与工资有关的费用，自动做出凭证，导入总账。这一模块是和总账，成本模块集成的。

成本模块将依据产品结构、工作中心、工序、采购等信息进行产品的各种成本的计算，以便进行成本分析和规划。还能用标准成本或平均成本法按地点维护成本。

- 财务管理

财务管理的功能是基于会计核算的数据，再加以分析，从而进行相应的预测、管理和控制活动。它侧重于财务计划、控制、分析和预测。

财务分析功能是指提供查询功能和通过用户定义的差异数据的图形显示进行财务绩效评估、账户分析等。

财务计划功能是指根据前期财务分析做出下期的财务计划、预算等。

财务决策功能是财务管理的核心部分，中心内容是作出有关资金的决策，包括资金筹集、投放及资金管理。

2）生产控制管理模块

这一部分是ERP系统的核心所在，它将企业的整个生产过程有机地结合在一起，使得企业能够有效降低库存，提高效率。同时各个原本分散的生产流程的自动连接，也使得生产流程能够前后连贯进行，而不会出现生产脱节，耽误生产交货时间。生产控制管理是一个以计划为导向的先进的生产、管理方法。首先，企业确定它的一个总生产计划，再经过系统层层细分后，下达到各部门去执行，即生产部门以此生产，采购部门按此采购等等。生产控制管理模块主要包括主生产计划、物料需求计划、能力需求计划、车间控制和制造标准等。

主生产计划是根据生产计划、预测和客户订单的输入来安排将来各周期中提供的产品种类和数量,它将生产计划转为产品计划,在平衡了物料和能力的需要后,精确到时间、数量的详细的进度计划;是企业在一段时期内的总活动的安排;是一个稳定的计划,是以生产计划、实际订单和对历史销售分析预测产生的;

物料需求计划是指在主生产计划决定生产多少最终产品后,再根据物料清单,把整个企业要生产的产品的数量转变为所需生产的零部件的数量,并对照现有的库存量,可得到还需加工多少、采购多少的最终数量。这才是整个部门真正依照的计划。

能力需求计划是在得出初步的物料需求计划之后,将所有工作中心的总工作负荷,在与工作中心的能力平衡后产生的详细工作计划。用以确定生成的物料需求计划是企业生产能力上可行的需求计划。能力需求计划是一种短期的、当前实际应用的计划。

车间控制是随时间变化的动态作业计划,是将作业分配到具体各个车间,再进行作业排序、作业管理、作业监控。

制造标准是指在编制计划中需要的许多生产基本信息,包括零件代码、产品构成、工序和工作中心,都用唯一的代码在计算机中识别。

3)物流管理模块

物流管理模块主要包括分销管理、库存控制和采购管理三大部分。

分销管理是从产品的销售计划开始,对其销售产品、销售地区、销售客户各种信息的管理和统计,并可对销售数量、金额、利润、绩效、客户服务做出全面的分析。在分销管理模块中大致有客户管理、订单管理和销售分析统计三方面的功能。

库存控制用来控制存储物料的数量,以保证稳定的物流支持正常的生产,但又最小限度占用资本。它是一种相关的、动态的及真实的库存控制系统。它能够结合满足相关部门的需求,随时间变化动态地调整库存,精确地反映库存现状。

采购管理主要是确定合理的定货量、优秀的供应商和保持最佳的安全储备。能够随时提供定购、验收的信息,跟踪和催促对外购或委外加工的物料,保证货物及时到达。建立供应商的档案,用最新的成本信息来调整库存的成本。

4)人力资源管理模块

以往的ERP系统基本上都是以生产制造及销售过程(供应链)为中心的。因此长期以来一直把与制造资源有关的资源作为企业的核心资源来进行管理。但近年来,企业内部的人力资源开始越来越受到企业的关注,被视为企业的资源之本。在这种情况下,人力资源管理作为一个独立的模块,被加入到了ERP的系统中来,和ERP中的财务、生产系统组成了一个高效的、具有高度集成性的企业资源系统。它与传统方式下的人事管理有着根本的不同。人力资源管理模块主要功能包括人力资源规划的辅助决策、招聘管理、工资核算、工时管理和差旅核算等。

3. 请各公司通报决策辅助工具的使用情况（表 4-4-1）

表 4-4-1 ＿＿＿＿＿＿公司决策辅助工具使用情况

公司名称	第 1 年	第 2 年	第 3 年	第 4 年	第 5 年	第 6 年

【计划】

请本公司按照任务 4-4 的要求，根据上述材料和对决策辅助工具的理解，结合自己的理论知识，讨论企业运营中决策辅助工具的意义，确定讨论范围、参考资料选用及注意事项。

【决策】

经过小组商议，决定作如下研讨安排（表 4-4-2）。

表 4-4-2 企业运营中辅助决策工具的作用与意义的研讨安排

讨论议题	企业运营中辅助决策工具的作用与意义
主持人	
讨论时间	
讨论地点	
讨论流程	
发言要求	
记录员	
决议方式	
决议宣读人	
记录要求	
其他	

【实施】

公司讨论记录见表 4-4-3。

表 4-4-3 _____ 公司讨论记录

讨论议题	企业运营中辅助决策工具的作用与意义
主持人	
讨论时间	
讨论地点	
记录员	
讨论记录	

续表

讨论议题	企业运营中辅助决策工具的作用与意义
主持人	
讨论时间	
讨论地点	
记录员	
讨论记录	

续表

讨论议题	企业运营中辅助决策工具的作用与意义
主持人	
讨论时间	
讨论地点	
记录员	
讨论记录	

【检查】

公司讨论决议见表 4-4-4。

表 4-4-4 ＿＿＿＿＿＿公司讨论决议

根据安排，我们公司全体成员认真阅读了决策辅助工具的资料，分析了各公司决策辅助工具的应用情况，结合自身的理论知识和对决策辅助工具的理解进行了认真的讨论总结，我们认为，企业运行过程中决策辅助工具的作用和意义主要表现在以下方面：

续表

	_____公司 ___年___月___日
成员签名:	
记录员:	
决议宣读人:	

【评估】

分析辅助决策工具意义评估表见表4-4-5。

表4-4-5 分析辅助决策工具意义评估表

自我评估	自我点评要点（侧重于发言内容之外的细节问题）：
组间评估	其他公司点评要点：
教师评估	教师点评要点：

任务 4-5　编写训练总结报告

【咨讯】

总结报告是对一定时期内的工作加以总结、分析和研究，肯定成绩，找出问题，得出经验教训，摸索事物的发展规律，用于指导下一阶段工作的一种书面文体。它所要解决和回答的中心问题，不是某一时期要做什么、如何去做、做到什么程度的问题，而是对某种工作实施结果的总鉴定和总结论，是对以往工作实践的一种理性认识。总结报告是做好各项工作的重要环节，通过它可以全面、系统地了解以往的工作情况，可以正确认识以往工作中的优缺点，明确下一步工作的方向，少走弯路，少犯错误，提高工作效益。

1. 总结报告的结构与内容

总结报告一般由标题、正文、署名和日期几个部分构成的。

（1）标题

标题即总结的名称，应标明总结的单位、期限和性质。

（2）正文

正文一般又分为开头、主体和结尾三个部分。

开头是总结报告的第一部分，引出全文。开头部分或交代总结的目的和总结的主要内容，或介绍单位的基本情况，或把所取得的成绩简明扼要地写出来，或概括说明指导思想以及总结的背景等等，不管以何种方式开头，都应简练，使总结很快进入主体。

主体是总结的主要部分，是总结的重点和中心。主体部分的内容一般包括基本情况、成绩与不足、经验教训三个方面：基本情况包括工作的有关条件、工作经过情况和一些数据等；成绩与不足即总结工作中的主要成绩，查找存在的问题和不足之处；经验教训即总结工作过程中获得的主要经验和教训，发掘事物的本质及规律，使感性认识上升为理性认识，以指导将来的工作。主体部分结构上可以有三种形态：

① 纵式结构，就是按照事物或实践活动的过程安排内容。写作时，把总结所包括的时间划分为几个阶段，按时间顺序分别叙述每个阶段的成绩、做法、经验、体会。这种写法的好处是事物发展或社会活动的全过程清楚明白。

② 横式结构，就是按事实性质和规律的不同分门别类地依次展开内容，使各层次之间呈现相互并列的态势。这种写法的优点是各层次的内容鲜明集中。

③ 纵横式结构，就是在安排内容时，既考虑到时间的先后顺序，体现事物

的发展过程，又注意内容的逻辑联系，从几个方面总结出经验教训，这种写法，多数是先采用纵式结构，写事物发展的各个阶段的情况或问题，然后用横式结构总结经验或教训。

结尾是总结的最后一部分，对全文进行归纳总结。结尾部分或突出成绩，或写今后的打算和努力的方向，或指出工作中的缺点和存在的问题。

(3) 署名和日期

如果总结的标题中没有写明总结者或总结单位，就要在正文右下方写明。最后还要在署名的下面写明日期。

2. 格式与体例

一份成功的总结报告，离不开内容上的精雕细琢，也不能缺少格式与体例上的规范设计。精美的格式与规范的体例会给读者带来美好的视觉享受。下文给出北京理工大学硕士论文写作格式与体例的部分要求和日照职业技术学院财政学院毕业实习总结报告的要求，仅供参考。

北京理工大学硕士论文格式基本要求（部分）

1　论文形式

1.1　打印用纸

打印用 A4 纸。

1.2　页面设置

上 3.0cm，下 2.0cm，左 2.8cm，右 2.2cm，页眉 1.8cm，页脚 1.5cm。行间距取 22 磅。

2　字体和字号

2.1　前置部分

目录页中，标题，即"目录"两字，用四号黑体加粗。编排时，前置部分的每个标题用小四号黑体加粗，写在目录上的章名用四号黑体加粗，其他各个层次的节名用小四号宋体。

2.2　主体部分

每章标题取黑体加粗，三号。每节标题取黑体加粗，四号。节以下标题取黑体加粗，小四号。各级标题中的序号取 TimesNewRoman 加粗。

正文部分取宋体，小四。

正文中，从每节标题开始（包括每节标题在内），各层标题和正文各行的行距一律一样，即标题前后不留空。

页眉取宋体，五号。

图序和图题用五号黑体加粗。图注与说明用小五号宋体。

表序和表题用五号黑体加粗。表身内容用五号宋体。表注与说明用小五号宋体。

2.3 标题层次

采用四级标题制。在正文中,每章大标题为第一层次。不写"第 1 章引言",应写"1 引言",居中排。第二层标题"1.1""1.2"等居左排列。第三层标题"1.1.1"等居左排列。可以有第四层标题如"1.1.1.1",居左空 2 个字符排列。在四级标题以下或正文的叙述中,还有层次性描述时,用"1), 2), 3)",再往下用"a), b), c)"。

不要在标题上标注参考文献。参考文献应标注在正文的叙述中。不要在标题上标注缩略词或其他说明性文字。这些内容应出现在正文叙述中。

3 插图

3.1 一般要求

表示研究成果的曲线图、谱图等,图的大小应为 1 个 A4 纸页面,可以横放。其他所有插图一律占半张 A4 纸大小。图序和图题排在图的下方,相对于整幅图左右居中,其总体长度不超过图面的宽度,否则图题应转行排。图注与说明安排在图的下方,图题的上方。

图序与图题之间留 1 个汉字的空格,其间不用任何点号。图序用"图 1.1""图 3.2"。不用"图 1-1""图 3-2""图 2-2-1",也不用"图 1""图 2"。

几幅图共用一个图序和图题,每幅图应有子图序,如(a),(b),(c)等。可以有子图题。子图序和子图题置于横标目的下方,相对于横坐标轴整个居中排,每个子图序和子图题在各个图面中的位置应一致。在正文中引用子图时,用"图 3.5 (a)""图 3.5 (a)、(b)"等形式。

3.2 插图在正文中的引用

在正文中,先见文字叙述,后见图。不能只有图,而没有正文中相应的文字叙述。在正文中叙述时,若提到多个图,最后一个图序不要"图"字,数字之间用浪纹连接号"~",如"图 3.5~3.12""图 3.3~3.4"。多个图,但不连续时用"和"相连,如"图 2.2 和 2.4"。

4 表格

4.1 表格的一般要求

采用三线表。论文中的任何表格都不能没有表序与表题。表序与表题之间留 1 个汉字的空格,其间不用任何点号。表序写成"表 1.1""表 2.3",不写"表 1-1""表 2-3""表 2-1-3",也不写"表 1""表 2"。

4.2 表格在正文中的引用

在正文中,先见文字叙述,后见表格。不能只有表格,没有相应的文字叙述。在正文中叙述时,在提到多个表时,最后一个表序不要"表"字,数字之间用浪纹连接号"~",如"表 2.3~2.10"。多个表,但不连续时用"和"相连,如"表 2.2 和 2.4"。

日照职业技术学院毕业实习报告要求(部分)

1. 毕业实习报告内容框架

第一部分:报告正文

正文由综述、主体和总结三部分组成。

(1) 综述

综述是报告主体部分的开端,是全篇的引子。综述部分要有实习单位基本情况、实习岗位描述等内容,篇幅一般为300字以上。

(2) 主体

主体部分主要是实习过程介绍、实习体会、对学校开设课程的建议,学生实训成果的展示和表述,是整个毕业实习过程的再现,本部分占毕业实习实训报告的大部分篇幅,一般2 000字以上。

主体内容要求思路清晰、合乎逻辑;用语简洁准确、明快流畅;内容务求客观、科学、完备,要尽量让事实和数据说话。凡是用简要的文字能够讲清楚的内容,应用文字陈述。用文字不容易说明或描述,比较烦琐的,应用表或图来陈述。

(3) 总结

总结是实习过程的总体结论,主要回答"得到了什么"。它是对全文的收尾,是毕业实习成果的归纳和总结,同时也包括对整个实习过程的感想。结论要有实习成果的描述,也要有经验教训的梳理,还要有改进措施。撰写总结时应注意措辞严密、明确、精练、完整、准确,不含糊其辞,内容要切近实际,篇幅在1 000字左右。

第二部分:致谢

致谢是对企业提供实训指导的领导、师傅、同事及相关人员的一种感谢。

2. 毕业实习报告撰写格式要求

① 实习报告应内容翔实,字数在3 000字至5 000字之间。

② 文章标题用宋体小二号加粗,正文用宋体小四号。

③ 行间距1.5倍行距,A4纸打印,页边距按默认值。

④ 页码置于页面底端,居中。

⑤ 左侧居中装订,二个钉。

【计划】

请本公司按照任务4-5的要求,认真阅读课程总结报告的规范要求,结合各教学环节的完成情况,对课程的学习进行全面讨论总结,确定讨论范围、参考资料选用及注意事项。

【决策】

经过小组商议,决定作如下研讨安排(表4-5-1)。

表 4-5-1 撰写课程报告研讨安排

讨论议题	如何撰写课程报告
主持人	
讨论时间	
讨论地点	
讨论流程	
发言要求	
记录员	
决议方式	
决议宣读人	
记录要求	
其他	

【实施】

撰写课程报告讨论记录见表 4-5-2。

表 4-5-2 撰写课程报告讨论记录

讨论议题	如何撰写课程报告
主持人	
讨论时间	
讨论地点	
记录员	
讨论记录	

续表

讨论议题	如何撰写课程报告
主持人	
讨论时间	
讨论地点	
记录员	
讨论记录	

【检查】

公司讨论决议见表 4 – 5 – 3。

表 4 – 5 – 3 　　＿＿＿＿＿＿公司讨论决议

根据安排，我们公司全体成员认真分析了撰写课程总结报告的注意事项和规范体例选择，经过小组讨论，我们一致同意： 1. 写作的规范体例选用及理由   2. 课程总结报告的内容框架确定及理由

续表

3. 课程总结报告的篇幅、提交及其他安排
＿＿＿＿＿＿＿公司 ＿＿年＿＿月＿＿日
成员签名：
记录员：
决议宣读人：

【评估】

撰写课程报告评估见表4-5-4。

表4-5-4　撰写课程报告评估表

自我评估	自我点评要点（侧重于发言内容之外的细节问题）：
组间评估	其他公司点评要点：
教师评估	教师点评要点：

项目 5

竞技一瞥

能力目标
1. 能运用流畅的语言介绍"用友杯"赛事。
2. 能运用流畅的语言说明各赛事的异同点。
3. 能根据赛事规则讨论制定一项竞赛策略。

知识目标
1. 了解各类全国性沙盘大赛的举办情况。
2. 了解各类全国性沙盘大赛的竞赛规则。

项目分解

任务编号	任务名称	建议课时	教学准备
5-1	了解"用友杯"全国大学生沙盘模拟大赛	0.8	赛事规则
5-2	了解"金蝶杯"全国大学生沙盘模拟大赛	1	赛事规则
5-3	了解沙盘模拟的其他赛事	0.2	赛事情况

任务 5-1　了解"用友杯"全国大学生沙盘模拟大赛

"用友杯"全国大学生沙盘模拟大赛是北京用友股份有限公司组织发起的全国性经济管理类技能大赛。自 2005 年以来，先后成功举办了七届全国性赛事。大赛以用友创业沙盘、供应链沙盘、商战沙盘和用友 ERP–U8.72 等计算机软件等为竞技平台，具有非常重要的影响。"用友杯"全国大学生沙盘模拟大赛比赛分为本科组和高职组两组，每年 5 月开始组织校内赛，6 月举办各省区选拔赛，8 月进行全国总决赛。一般地，校内赛可以使用经营管理沙盘或者创业沙盘，各省区选拔赛通常使用创业沙盘或商战沙盘，全国总决赛使用商战沙盘或供应链沙盘，用友 ERP–U8.72 软件操作部分是近年来各省区选拔赛和全国总决赛新增项目。以下是 2012 年第八届"用友杯"沙盘大赛山东区总决赛经营规则，仅供参考。

2012 年第八届"用友杯"沙盘大赛山东区总决赛经营规则

全部比赛在比赛现场完成，包括沙盘模拟经营和信息化实战两部分内容。其中沙盘模拟经营占总成绩 80%，信息化实战成绩占总成绩 20%。省赛成绩优胜队伍参加全国总决赛。参赛选手需根据要求在规定的时间内完成企业沙盘模拟经营及信息化实战。

沙盘模拟经营对抗采用创业者电子沙盘（竞赛版）平台与手工沙盘相结合的方式运作企业，所有运作必须在模拟平台上记录，手工沙盘作为辅助运作工具。参赛队在规定时间内，根据经营规则的要求，以现场操作模拟平台的方式，完成每年的企业模拟经营。

采用用友管理软件（ERP–U8.72）为竞赛平台，以沙盘企业业务流程与业务资料为案例，考核企业财务业务一体化全过程，内容涵盖总账、报表、应收应付、固定资产、薪资管理、采购、销售、库存、存货。

最终竞赛成绩算分方法：

（1）沙盘模拟经营各分区分别算分，各分区最高权益队伍分数换算成 150 分，其他未破产沙盘队伍分数 = 150 ×（队伍权益/本分区权益最高队伍的权益），破产队伍沙盘得分为 0 分。

(2) 信息化实战满分 150 分，选手得分不需要换算。

(3) 各参赛队最终分数 = 经换算的沙盘分数 × 0.8 + 电算化分数 × 0.2。

沙盘部分

1. 参赛队员分工

每支参赛队 5 名队员，分工如下：

总经理（CEO）

财务总监（CFO）

生产总监（CPO）

营销总监（CMO）

采购总监（CLO）

2. 运行方式及监督

本次大赛采用电子模拟运行系统（以下简称"系统"）与实物沙盘和手工记录相结合的方式运作企业，每年年末经营结果须在物理盘面上展示，最后的运行确认在"系统"中确定，最终结果以"系统"为准。

运行中的销售竞单在电子模拟运行系统中进行，各队在本队运行地参加市场订货会，交易活动，包括贷款、原材料入库、交货、应收账款贴现及回收，均在本地计算机上完成选单。

3. 企业运营流程

企业运营流程须按照竞赛手册的流程严格执行。CEO 按照任务清单中指示的顺序发布执行指令。每项任务完成后，CEO 须在任务后对应的方格中打钩；并由 CFO 在任务后对应的方格内填写现金收支情况；CPO 在任务后对应的方格内填写在产品的上线、下线、结存情况及产品的研发投入情况；CLO 在任务后对应的方格内填写原材料的入库、出库及结存情况；CMO 在任务后对应的方格内填写产成品的入库、出库及结存情况。

每步操作完成后，各队必须将该工作在"系统"中同步记录，即双击对应的任务图标，按照任务执行提示输入相应的数字，然后确定退出。经系统确认后的操作，便不能退回重做，沙盘盘面上的年末状态必须与"系统"的结果一致，否则扣分，并以系统结果为准。

特别注意的是，在运行过程中，必须按照手工记录台账的操作顺序执行，但有如下操作可以随时进行，具体任务如下表：

任务名称	规　则	操　作
贴现	不同账期的应收款采用不同的贴现率，1、2期应收款按1∶9（10M应收款交1M贴现费，小于10M的贴现均收取1M贴现费）的比例贴现，3、4期应收款按1∶7（8M应收款交1M贴现费，小于8M的贴现也收取1M贴现费）。只要有足够的应收账款，可以随时贴现（包括次年支付广告费时，也可使用应收贴现）。贴现操作应在"系统"的贴现功能下进行输入，可选贴某一账期的应收款，输入贴现的金额，然后确认贴现即可	（1）随时贴现（包括在投入广告时也可以贴现） （2）当"系统"提示资金不足时，可以在"系统"中执行贴现操作 （3）"系统"自动将1、2季贴现额加总后计算贴现费；对3、4季贴现费用的计算，与1、2季的处理方法一样
出售产品和原料	现金断流时，可以采用处理原料和产品的方式融资。产品可以按照成本价售出；原料按照成本价8折的售价售出，所得到金额向下取整，例如出售6个R1原料将获得4M现金	在"系统"中最下行图标中双击"出售库存"图标，输入出售数量，点击"确定"

续表

任务名称	规 则	操 作
厂房贴现	正常情况下卖厂房后，直接转入变为4Q的应收账款。但在急用的情况下，且操作步骤没有轮到变卖厂房的操作时，可以利用本功能直接将厂房的价值按照4Q应收账款贴现（按1∶7的比例）	(1) 在"系统"最下行图标中双击"厂房贴现"图标 (2) 将厂房的价值移到现金、贴现费用、厂房租金处 特别注意： (1) 如果无生产线，现金额等于卖出价进行4Q账期应收款贴现 (2) 如果有生产线，卖出价进行4Q账期应收款贴现后，再扣除厂房租金（例如，出售有生产线的大厂房，40M应收款转为现金30M，贴现费用5M，租金5M；小厂房则为30M应收款转为现金23M，贴现费用4M，租金3M） (3) 系统自动全部贴现，不允许部分贴现
紧急采购	如果原材料预定不够，又需要当期采购，则可以使用本功能，每种原材料单价为2M。紧急采购产成品的价格为直接成本的3倍	在"系统"的紧急采购功能中，选择需要紧急采购的原材料或成品，并输入订货量后确认订购

4. 银行贷款及原材料入库

本操作为"系统"运作中的第一组操作，包括申请贷款、原材料入库。该组操作以原材料入库操作结束为终止点。

(1) 银行贷款

银行贷款的品种如下表：

类型	额度	基本贷款单位	年利率	归还方式	操作
长期贷款	长、短期贷款的总额度为上年权益的三倍	10M	10%	每年年初申请新贷款，每年年初支付利息，到期还本	(1) 长期贷款每年年初时，缴纳已贷款的利息，按已贷款的10%取出现金放在利息处 (2) 在"系统"中，只要输入各市场的广告费，系统将提示缴纳上年税金、广告费和长期贷款的利息，确定后，系统自动扣除现金 • 支付广告费 • 支付所得税 • 还本付息/更新长期贷款 确定 (3) 申请长、短贷款时，需要在"系统"中输入长贷的数量和贷款的期限，确认后系统自动增加现金 ▶ 申请长期贷款 最大贷款额度 885M 需贷款年限 2年 需贷款额 50 M 确认贷款
短期贷款		20M	5%	每季度初申请新贷款，利随本清，每季度初系统自动扣除短贷本息	

规则说明：

① 长期和短期贷款信用额度：

长、短期贷款的总额度为上一年所有者权益的3倍（向下取整，例如上一年权益为58，则可贷款总额度为：58×3=174，但只可借170M），长期贷款必须按10M的倍数申请，短期贷款必须按20M的倍数申请。

② 贷款规则：

a. 长期贷款每年年初支付利息，到期还本。

b. 短期贷款期限为一年，到期连本带利一起归还。如果当季有贷款需要归还，同时还拥有贷款额度时，必须先归还到期的贷款，才能申请新贷款，不能以新贷还旧贷（续贷）。

c. 结束年时，不要求归还没有到期的各类贷款。

d. 长期贷款可贷 1~5 年（整数年）。

e. 所有的贷款不允许提前还款。

f. 企业间不允许私自融资，只允许企业向银行贷款，银行不提供高利贷。

例：某组第一年年初借了 5 年期长贷 90M，第一年第 2 季度借了 20M 的短期贷款，第一年结束后所有者权益为 55。则第二年年初可以申请的长贷最大额度为：$55 \times 3 = 165$（但只能借 160M）$-90 - 20 = 50M$，第二年第 2 季度连本带利归还银行短期贷款 $20 \times 105\% = 21M$ 后，仍可向银行借 20M 的短期贷款（$160 - 90 - 50 = 20M$）。

（2）材料采购

采购原材料需经过下原料订单和采购入库两个步骤，这两个步骤之间的时间差称为订单提前期，各种原材料提前期如下表：

原材料	订单提前期	操　作
R1（红色）	1Q	(1) 每季向供应商提供原材料订单的具体品种及数量 (2) 在盘面上应摆放相应的空桶，表示拟采购的数量，一个空桶表示 1M 的原料订单 (3) 在"系统"中，双击"下原料订单"图标，并输入各原料的数量，确定订购即可
R2（橙色）	1Q	
R3（蓝色）	2Q	
R4（绿色）	2Q	

规则说明：

没有下订单的原材料不能采购入库；所有下订单的原材料到期必须采购入库；原材料采购入库时必须支付现金；"系统"中每季度只能操作一次。

5. 生产运作

生产运作环节包括如下操作：

(1) 购置或租用厂房

厂房为一大（6条生产线）一小（4条生产线），需要使用厂房必须在"系统"中选择租用或购买。

① 购买厂房。

选择购买厂房时，需在"系统"中选择大厂房或小厂房，然后确认获得，系统将自动从现金中扣除厂房价值（大厂房40M，小厂房30M）。

② 租用厂房。

如果选择租用厂房，"系统"按照大厂房5M/年，小厂房3M/年的租金，当季扣除租金。

规则说明：

a. 租用或购买厂房可以在任何季度进行。如果决定租用厂房或者厂房买转租，租金在开始租用的季度交付，即从现金处取等量钱币，放在租金费用处。一年租期到期时，如果决定续租，需重复以上动作。

b. 厂房租入，一年后可作租转买、退租等处理，续租系统自动处理。

c. 要建生产线，必须购买或租用厂房，没有租用或购买厂房不能新建生产线。

d. 如果厂房中没有生产线，可以选择退租，系统将删除该厂房。

(2) 新建生产线（见下表）

生产线	购置费	安装周期	生产周期	总转产费	转产周期	维修费	残值
手工线	5M	无	2Q	0M	无	1M/年	1M
全自动线	15M	3Q	1Q	2M	1Q	2M/年	3M
柔性线	20M	4Q	1Q	0M	无	2M/年	4M
租赁线	0M	无	1Q	2M	1Q	6M/年	-8M

在"系统"中新建生产线，需先选择厂房，然后选择生产线的类型，特别要确定生产产品的类型（产品标识必须摆上）。生产产品一经确定，本生产线所生产的产品便不能更换，如需更换，须在建成后，进行转产处理。每次操作可建一条生产线，同一季度可重复操作多次，直至生产线位置全部铺满。新建生产线一经确认，即刻进入第一期建设，当季便自动扣除现金（如下图所示）。

 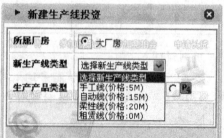

特别说明:

租赁线是租用的生产线,无须购置费,没有折旧,也不需要安装周期,不算固定资产,不需要计提折旧,也无法出售变现。每年年末需支付 6M 的维修费(可以理解为租金)。

在出售租赁线(可以理解为退租)的时候,无论什么时候出售,都必须支付 8M 的费用,计入其他损失里。出售租赁线时可能出现现金为负而导致现金断流破产,请注意判定现金是否足够。

(3)在建生产线

生产线购买之后,需要进行二期以上投资的均为在建生产线,当需要进行二期以上的投资时,手工操作需按照该生产线安装周期分期投资并安装,如全自动线安装操作可按下表进行:

操 作	投资额	安 装
1Q	5M	启动 1 期安装
2Q	5M	完成 1 期安装,启动 2 期安装
3Q	5M	完成 2 期安装,启动 3 期安装
4Q		完成 3 期安装,生产线建成,可投入使用

投资生产线的支付不一定需要连续,可以在投资过程中中断投资,也可以在中断投资之后的任何季度继续投资,但必须按照上表的投资原则进行操作。在"系统"中,可以不选择生产线投资,即表示本期不投资。

特别提示的是:

① 一条生产线待最后一期投资到位后,必须到下一季度才算安装完成,允许投入使用。

② 生产线安装完成后,必须将投资额放在设备价值处,以证明生产线安装完成。

③ 参赛队之间不允许相互购买生产线,只允许向设备供应商(裁判)购买。

规则说明:

① 必须缴纳维护费的情况:生产线安装完成,不论是否开工生产,都必须

在当年缴纳维护费；正在进行转产的生产线也必须交纳维护费。

② 免交维护费的情况：已出售的生产线和正在安装的生产线不缴纳维护费。

③ 生产线折旧：每条生产线单独计提折旧，折旧采用平均年限法，折旧年限为四年。各种生产线每年折旧额的计算见表。

生产线	购置费	残 值	建成第1年	建成第2年	建成第3年	建成第4年	建成第5年
手工线	5M	1M	0	1M	1M	1M	1M
全自动线	15M	3M	0	3M	3M	3M	3M
柔性线	20M	4M	0	4M	4M	4M	4M

完成规定年份的折旧后，该生产线不再提折旧，剩余的残值可以保留，直到该生产线变卖为止。当年新建成的生产线不提折旧。在"系统"中，生产线折旧为年末自动处理。

(4) 转产或变卖生产线

① 生产线转产。

先选择转产的生产线，然后确定转产的产品，确认处理即可，系统将按相应的转产费用扣除现金，并将该生产线置于转产状态。只有空生产线方可转产（如下图所示）。

② 生产线变卖

不论何时变卖生产线，将变卖的生产线按残值放入现金区，净值与残值之差放入"其他"费用，记入当年"综合费用"中的"损失"。在"系统"中，选择要变卖的生产线，然后点击"确认变卖"（如下图所示）。

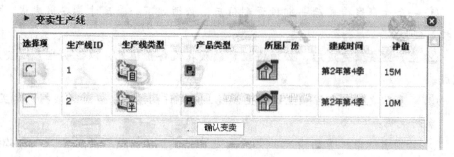

(5) 开始下一批生产

当下原料订单结束后,"系统"自动更新生产。此时,可以开始下一批生产,只要选择空线,并确认生产即可。系统将自动扣除原料和现金(加工费),如果原料和现金均不足,系统将提示,并且放弃本次上线生产(如下图所示)。

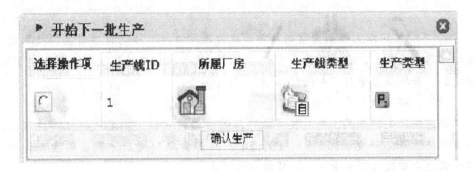

(6) 更新应收款

当运行到"更新应收账款"时,如有应收款到期,则需在"系统"中输入到期应收款数。如果填入的到期数额大于实际应到数额,则"系统"不予通过,如果填入的数额小于应收的数额,"系统"按照实际填写的数额收现(即现金增加),剩余到期未收现的部分,自动记入下一季度应收款。如果没有到期的应收款,也要确认更新,不做此操作,"系统"将无法进入下一步骤(如下图所示)。

特别提示:本操作为一次性操作,即确认更新后,本季度不能再次操作,并且将关闭应收款更新之前的操作。

6. 交货及产品开发

(1) 交货

交货必须按照以下原则进行:

① 严格按照订单要求的数量交货。

② 订单规定的交货期之前交货,如订单规定交货期为第三季度,则可以在当年第三季度以前(含第三季度)交货。

③ 当需要交货时,在"系统"上选择要交货的订单,然后按"确认交货"。

④ 将出售产品所得应收款按订单上所写账期,放入盘面应收款相应的账期,如果账期为0,则直接进入现金库。

订单ID	产品	数量	市场	总价	得单时间	交货期	账期	操作
1131631	P1	1	本地	6M	第3年第1季	1季	3季	确认交货
11362624	P1	6	本地	26M	第3年第1季	4季	2季	确认交货

⑤ 不能按照以上规则交货的订单，视为违约订单。违约订单将直接被取消，违约订单的违约金，在当年第4季度结束时，按违约订单销售收入的20%向下取整计算，并从现金中自动扣除记入损失中。

（2）产品研发

要想生产某种产品，先要获得该产品的生产许可证。而要获得生产许可证，则必须经过产品研发。P1、P2、P3、P4产品都需要研发后才能获得生产许可。研发需要分期投入研发费用。投资规则如下表：

名称	开发费用	开发周期	开发总额	加工费	直接成本	产品组成
P1	1M/季	3季	3M	1M	2M/个	R1
P2	1M/季	4季	4M	1M	3M/个	R2 + R3
P3	1M/季	6季	6M	1M	4M/个	R1 + R3 + R4
P4	2M/季	5季	10M	1M	5M/个	P1 + R2 + R4

产品研发可以中断或终止，但不允许超前或集中投入，已投资的研发费不能回收。

如果研发没有完成，"系统"不允许开工生产。

7. 市场开发和ISO开发

（1）市场开发

开发费用按开发时间在年末平均支付，市场开拓可以中断或终止，但不允许超前或集中投入，已投资的开发费用不能回收。开发完成的市场可以一直使用，无须再支付开发费用。如果市场开发没有完成，则无法进入该市场投放广告及选单（如下表和图所示）。

市场	每年开发费	年限	全部开发费用
本地	1M/年	1年	1M
区域	1M/年	1年	1M
国内	1M/年	2年	2M
亚洲	1M/年	3年	3M
国际	1M/年	4年	4M

例：开拓本地市场，如果在第 1 年年末投资了本地市场，则在第 2 年年初可以进入本地市场投放广告及参加订货会选择订单。开拓国内市场，如果在第 1 年、第 2 年年末投资了国内市场，则在第 3 年年初可以进入国内市场投放广告及参加订货会选择订单。

(2) ISO 资格认证

ISO 认证费用按开发时间在年末平均支付，ISO 认证可以中断或终止，但不允许超前或集中投入，已投资的认证费用不能回收。投资完成的 ISO 认证可以一直使用，无须再支付认证费用。只有完成相关 ISO 认证后，方可接有相关 ISO 认证要求的订单。ISO 认证只针对企业，只要该企业通过了相关的 ISO 认证，则可接任何有相关 ISO 认证要求的产品订单（包括 P1、P2、P3、P4）（如下表和图所示）。

ISO 类型	每年研发费用	年　限	全部研发费用
ISO9000	1M/年	2 年	2M
ISO14000	2M/年	2 年	4M

例：投资 ISO9000 认证，如果在第 1 年、第 2 年年末投资了 ISO9000 认证，则在第 3 年年参加订货会时则可以选择有 ISO9000 认证要求的订单（包括 P1、P2、P3、P4）。

8. 市场订单

（1）市场预测

各公司可以根据市场的预测安排经营。

（2）广告费

投入广告费有两个作用：一是获得拿取订单的机会；二是判断选单顺序。投入 1M 产品广告费，可以获得一次拿取订单的机会（如果不投产品广告没有选单机会），一次机会允许取得一张订单。如果要获得更多的拿单机会，每增加一个机会需要多投入 2M 产品广告，比如，投入 3M 产品广告表示有两次获得订单的机会，投入 5M 产品广告则表示有三次获得订单的机会……以此类推。无须对 ISO 单独投放广告，系统自动判定公司是否有 ISO 资格，确认其能否选有 ISO 要求的订单。

（3）选单流程

① 各公司将广告费按市场、产品填写在广告发布表中。

② 产品广告确定公司对订单的需求量。

③ 排定选单顺序，选单顺序依据以下顺序原则确定。

a. 按照各队在本市场某一产品上投放的广告费的多少，排定后续选单顺序。

b. 如果在一个产品投入的广告费用相同，按照投入本市场的广告费总合（即 P1、P2、P3 和 P4 的广告费之和），排定选单顺序。

c. 如果本市场的广告总额也一样，按照上年本企业在该市场上实现的销售额排名，排定选单顺序。

d. 如果上年实现的销售额也相同，按照提交广告的时间先后，排定选单顺序。

④ "系统"按上述规则自动排出选单顺序，自动分轮次进行选单。排定选单顺序的公司在每轮选单时，只能选择一张订单。当第一轮选单完成后，如果还有剩余的订单，还有资格的公司可以按选单顺序进入下一轮选单。

特别提示：

"系统"中将某市场某产品的选单过程称为回合，每回合选单可能有若干轮，每轮选单中，各队按照排定的顺序，依次选单，但只能选一张订单。当所有队都选完一次后，若再有订单，开始进行第二轮选单，依次类推，直到所有订单被选完或所有队退出选单为止，本回合结束。当轮到某一公司选单时，"系统"以倒计时的形式，给出本次选单的剩余时间，每次选单的时间上限为 45 秒钟，即在 45 秒内必须做出选择（选择订单或选择放弃），否则系统自动视为放弃选择订单。（注意：请不要等到最后 5 秒才选单）无论是主动放弃还是超时系统放弃，都将视为退出本市场本产品的选单，即在本回合中，不得再选订单。放弃一个产品的选单，不影响本市场其他产品的选单权利。第一年无订单。

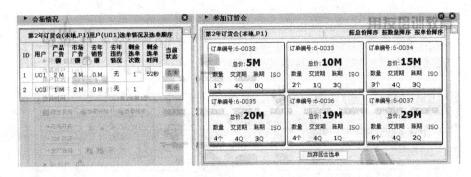

提请注意：

① 必须在倒计时大于10秒时选单，出现确认框要在三秒内按下确认按钮，否则可能造成选单无效。

② 在某细分市场（如本地、P1）有多次选单机会，只要放弃一次，则视同放弃该细分市场所有选单机会。

（4）竞单会（系统一次放三张单同时竞选）

在第3、6年订货会后，召开竞单会（具体竞拍订单的信息将和市场预测图同时公布）。

参与竞标的订单标明了订单编号、市场、产品、数量、ISO要求等，而总价、交货期、账期三项为空。竞标订单的相关要求说明如下：

① 投标资质。

a. 参与投标的公司需要有相应市场、ISO认证的资质，但无须有该产品的生产资质，例如，某组没有研发P2产品，但仍可以参加P2的竞拍。

b. 中标的公司需为该单支付1M标书费（每张中标的竞拍订单标书费均为1M），计入广告费，没有中标的公司无须缴纳费用。

c. 如果已竞得单数＋本次同时竞单数＞现金余额，则不能再竞。即必须有一定现金库存作为保证金。如同时竞2张订单，库存现金为3M，如果竞得了这2张订单，扣除了2M标书费，还剩余1M库存现金，则不能继续参与其他竞单。

d. 在年初投放完广告之后（同时扣除长贷利息及到期本金和税金），如果现金仅剩2M时，则不能参加竞单。

e. 在年初投放完广告之后，竞拍会开始之前，不允许贴现。

② 投标。

参与投标的公司须根据所投标的订单，在系统规定时间（90秒，以倒计时形式显示）填写总价、交货期、账期三项内容，确认后由系统按照以下公式计算：

$$得分 = 100 + (5 - 交货期) \times 4 + 应收账期 - 总价$$

以得分最高者中标。如果计算分数相同，则先提交者中标。

提请注意：

① 总价不能低于成本价，也不能高于成本价的三倍；
② 必须为竞单留足时间，如在倒计时小于等于 10 秒再提交，可能无效；
③ 竞拍界面如下（仅供参考）。

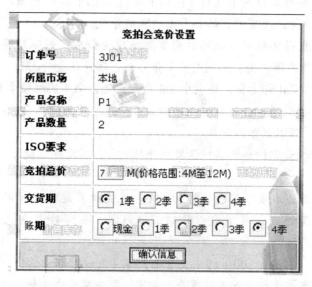

每次竞拍 3 张订单，各组要在 90 秒内为这 3 张单同时报价，需要填写的内容包括：竞拍总价（在规定范围内）、交货期（1 季、2 季、3 季、4 季）、应收款账期（现金、1 季、2 季、3 季、4 季），提交后系统会自动计算分数，如果两组得分相同，则先提交竞价的组获得该订单。

投标报价界面如下图：

投标完成后会看到下面的界面：

▶ 参加竞拍会

第4年竞拍会拍单列表（用户U01）

ID	订单编号	市场	产品	数量	ISO	状态	得单用户	总价	交货期	账期
1	4J01	本地	P1	2		完成	U05	8	4	0
			↑本用户订单出价					12	4	0
2	4J02	本地	P1	1		完成				
3	4J03	本地	P2	3		完成	U01	27	4	0
			↑本用户订单出价					27	4	0

界面说明：

a. 上图中第1张竞拍订单（4J01，2个P1）U01组出价为：总价12M，交货期4季，账期为0（即现金交易），U05组出价为：总价8M，交货期4季，账期为0（即现金交易），所以U05中标。

b. 第2张竞拍订单（4J02，1个P1）没有组出价，所以流拍，这张订单将被视为所有组均放弃。

c. 第3张竞拍订单（4J03，3个P2）U01组出价为：总价27M，交货期4季，账期为0（即现金交易），U01中标。

d. 每个组都只能看到自己的出价以及最后中标组的报价，其余未中标组的价格看不到。

(5) 订单（见下表）

订单类型	交货时间	获得订单资格要求
规定交货期的订单	在本年规定的第×（1、2、3、4）季度的交货日交货	非破产企业
ISO9000订单	按订单规定的交货期	具有ISO9000认证资格的企业
ISO14000订单	按订单规定的交货期	具有ISO14000认证资格的企业
双认证订单	按订单规定的交货期	同时具有ISO9000和ISO14000认证资格的企业

(6) 关于违约问题

所有订单要求在本年度完成（按订单上的产品数量和交货期交货）。如果订单没有完成，则视为违约订单，按下列条款加以处罚：

① 按订单销售总额的20%（销售总额除以5后向下取整）计算违约金，并在当年第4季度结束后扣除，违约金记入"损失"。

② 违约订单一律收回。

9. 运行记录及违规扣分

(1) 上报报表

每年运行结束后，各公司需要在规定的时间内上报裁判组三张报表（"综合费用明细表""利润表""资产负债表"）。上报的报表必须是账实相符的报表，如果上交的报表或物理沙盘盘面与裁判监控系统内状况不一致（如销售统计与利润表不符、资产负债表不平等，报表和盘面不符），每次扣除 2 个所有者权益（累计在第 6 年结束后扣除），并以裁判监控系统提供的报表为准修订沙盘状态。

（2）违规及扣分

在企业运行过程中，对于不能按照规则运行的企业和不能按时完成运行的企业，在最终竞赛总分中，给予减分的处罚。

① 年度经营运行超时扣分。

运行超时是指不能按时完成当年运营且提交报表的情况。处罚：超时 10 分钟之内的，扣除 1 个权益（在第 6 年结束后扣除），如果到 10 分钟后还未完成当年运营或还不能提交报表的参赛队按破产自动退出比赛处理。

② 提交广告超时扣分。

在裁判规定时间内不能按时提交广告的组，超时在 2 分钟之内的，扣除 1 个权益（在第 6 年结束后扣除），如果 2 分钟后还不能提交广告，直接按放弃当年选单处理。

③ 违规扣分。

在运行过程中下列情况属违规：

a. 比赛期间，未经裁判允许，各带队老师不允许入场，否则取消参赛资格。
b. 对裁判正确的判罚不服从。
c. 在比赛期间（公开查访时段除外）擅自在赛场内走动。
d. 其他严重影响比赛正常进行的活动。
e. 看盘时，经裁判确认后所摆盘面和真实盘面不符合。

如有以上 b~e 行为者，扣除该队 5 个权益（在第 6 年结束后扣除）。

（3）破产

破产的队伍直接退出比赛。本次比赛以下列条件判断破产：

①"系统"在广告投放完毕、当季（年）开始、当季（年）结束、更新原料库等四个测试点，自动检测已有现金加上最大贴现及出售所有库存及厂房贴现后，是否具有足够的支付能力，如果不够，"系统"则判断为现金断流，企业破产，并关闭系统。此时，应及时联系裁判，做最终的判定。

② 若任意一年企业所有者权益合计为负，则企业破产退出系统，需联系裁判。

10. 费用

"系统"自动支付的费用如下：

（1）管理费用

每季度结束时，自动扣除 1M。

（2）设备维修费

每年结束时，计算建成的生产线，手工线按照 1M/条，全自动和柔性线按照

2M/条，租赁线按照6M/条自动扣除。

（3）长期贷款利息

每年投放广告时，系统连同广告费一起自动扣除。

（4）短贷利息

每季度开始时，系统自动判断是否有到期的贷款，如果有则自动从现金中按5%扣减利息。

（5）税金

只计算所得税，交税的标准为，弥补完以前年度的亏损总和后，再按盈余利润×25%向下取整提取税金。

（6）违约罚金

在每年结束时，按违约订单销售收入的20%向下取整，从现金中自动扣除。

11. 重要参数（见下表）

违约扣款百分比	20%	最大长贷年限	5年
库存折价率（产成品）	100%	库存折价率（原材料）	80%
长期贷款利率	10%	短期贷款利率	5%
贷款额倍数	3倍	初始现金、起始权益	60M
贴现率（1、2期）	10%	贴现率（3、4期）	12.5%
管理费	1M	信息费	1M
紧急采购倍数（原材料）	2倍	紧急采购倍数（产成品）	3倍
所得税率	25%	最大经营年限	6年
选单时间	45秒	间谍有效时间	600秒
竞拍时间	90秒	竞拍同拍数	3
间谍使用间隔	3 600秒	市场老大	无

12. 竞赛评比

比赛结果以参加比赛各队的第6年结束后的最终权益（包括违规扣权益后）进行评判。

13. 其他说明

① 本次比赛中，各企业之间不允许进行任何交易，包括现金及应收款的流通，原材料、产成品、订单的买卖等。

② 比赛过程中，学生端必须启动录屏文件，用于全程录制经营过程，把每一年经营录制为一个独立的文件。一旦发生问题，以录屏结果为证，裁决争议。如果停止录屏过程或录屏中断，按教师端服务器系统的实际运行状态执行。录屏软件建议使用"屏幕录像专家"。

③ 比赛期间，允许各队自带笔记本，允许使用自制的计算工具，但除每组指定笔记本外不允许连入比赛网络，违者直接取消比赛资格。

④ 每一年投放广告结束后，将给各组 2 分钟的时间观看各组广告单；每一年经营结束后，裁判将公布各队综合费用表、利润表、资产负债表。

⑤ 每一年经营结束后，将有 15 分钟看盘时间，看盘期间各队至少要留一名选手在组位，否则后果自负。看盘期间各队必须保证盘面真实有效（包括贷款、原料订单、当年所有费用、生产线标识、库存产品及原料、厂房、现金、应收账款、生产线净值、产品生产资格、市场准入、ISO 认证等），看盘者不允许挪动盘面，违者经裁判确认后扣除 2 个所有者权益（第 6 年结束后扣除）。

⑥ 参赛各队应严格遵守比赛时间，如果迟到，则直接按破产退赛处理。

⑦ 如遇到停电、火灾、台风等外部环境不可逆情况，裁判组有权延迟、调整比赛时间。

⑧ 比赛开始前，各参赛队 CEO 抽签决定组号。

⑨ 本规则解释权归大赛裁判组。

信息化实战部分

1. 比赛目标

加强学生对企业信息化管理软件的认识，锻炼学生对管理信息化软件的操作应用能力，提高学生的企业管理信息化实际业务处理能力，提升大学生就业能力，为国内企业选拔优秀人才。

2. 比赛平台

大赛采用用友"U872"为平台，竞赛模块包括：总账、UFO 报表、应收应付管理、固定资产管理、薪资管理、采购管理、销售管理、存货管理、库存管理。

3. 比赛时间

比赛时间为 180 分钟，以答题客户端时间为准，180 分钟后比赛答题系统将自动关闭。

4. 比赛分值

信息化实战比赛分值占比赛总分数的 20%。

5. 比赛内容

以模拟企业经济业务资料与业务流程为案例，采用 2007 新会计制度科目体系，在 U872 业务处理平台中，完成对工业企业的业务处理。

任务 5-2 了解"金蝶杯"全国大学生沙盘模拟大赛

"金蝶杯"全国大学生沙盘模拟大赛是金蝶国际集团举办的全国性经济管理类技能大赛。自 2009 年以来，先后成功举办了三届全国性赛事，在国内高校产生了非常重要的影响。大赛以金蝶工业沙盘、经营之道、创业之星和金蝶 SAAS 应用平台等为竞技平台，综合考察学生的创业潜力。"金蝶杯"全国大学生沙盘模拟大赛比赛每年 4 月开始组织校内赛，6 月举办各省区选拔赛，8 月进行全国总决赛。以下是 2012 年第四届"金蝶杯"全国大学生创业大赛经营规则，仅供参考。

第四届"金蝶杯"全国大学生创业大赛经营规则

一、大赛主题

智行合一决战商海。

二、竞赛平台

《金蝶 SAAS 应用平台》《创业之星》

三、比赛形式

决赛分为两个阶段：

阶段一：平台对抗环节

参赛团队分别进行"金蝶 SAAS 应用平台"网络竞赛及"创业之星——大学生创业模拟对抗系统"现场集中比赛，综合成绩前5%的团队荣获大赛奖项，且排名第一的优胜团队晋级第二阶段赛事，争夺"创业之星"大奖。

阶段二：创业计划书评选环节

优胜团队根据创业计划书的评比成绩分本科组及高职组从高到低依次排名。评比成绩第一名的团队荣获"创业之星"荣誉称号和高额创业基金。

四、决赛平台竞赛规则

本次比赛采用两部分产品共同完成。其中，财务管理信息化实操在《金蝶 SAAS 应用平台》上完成，有 16~18 道会计实操考题。企业经营决策在《创业之星》平台上完成，平台经营 6 个季度。最终各参赛队伍的总成绩按以下方法计算：

平台竞赛总成绩 = 金蝶 SAAS 应用平台成绩(30%) + 创业之星成绩(70%)

1. 金蝶 SAAS 应用平台评分规则

试题库由大赛组委会统一部署。决赛参赛团队在安排的时间内按照比赛规定的方式登录平台答题，考试题目由平台随机分配，考试成绩由平台自动计算生成。大赛组委会将参赛者的成绩统计，发送到各赛区组织单位。

考试时长 1 小时 30 分钟，共有 16~18 道考题。每道题目最低分值 2 分，最高分值 12 分，满分 87 分。参赛团队答对题目，根据相应分值得分，答错题目，不得分。

试题考核范围为软件实操建立账套、系统初始设置、总账核算、账表等。

2. 创业之星评分规则

创业之星得分 = A - B

A 指的是《创业之星》平台中自动计算生成的第六个季度末的综合评价分数。综合评价分数计算方法如下：

综合表现 = 盈利表现 30% + 财务表现 30% + 市场表现 20% + 投资表现 10% + 成长表现 10%

- 盈利表现 = 所有者权益/所有企业平均所有者权益
- 财务表现 = 本企业平均财务综合评价/所有企业平均财务综合评价的平均数
- 市场表现 = 本企业累计已交付的订货量/所有企业平均累计交付的订货量
- 投资表现 = 本企业未来投资/所有企业平均未来投资

未来投资 = 累计产品研发投入 + 累计认证投入 + 累计市场开发投入 + $\sum$（每个厂房和设备的原值/相应的购买季度数）

- 成长表现 = 本企业累计销售收入/所有企业平均累计销售收入

B 是指在《创业之星》运营中出现紧急借款时的扣分。具体扣分规则如下：在《创业之星》平台上的整个运营阶段，每出现一次紧急借款，则 B 项得分为 5 分，即 B 项得分 = 5 分 × 紧急借款次数；紧急借款的次数以决策历史中查询显示的次数为准。

金蝶工业沙盘裁判手册

一、竞赛规则

1. 排名规则

按总分从高到低排名，其中总分 = 最后一年所有者权益 - 扣分

2. 比赛规则

中途不允许退赛和故意扰乱比赛，违规者，取消比赛资格。

比赛过程中除允许小组间相互查看盘面情况的时间外，不允许随意查看其他组的经营状况，不允许采取各种方式扰乱其他组的经营现状（如改动盘面），否则直接取消比赛资格。在规定的时间内未完成经营的小组，自动淘汰出局。若出现所有者权益为负则宣告破产，该组自动淘汰出局。

财务报表必须真实，严禁假账，违规一次，扣除 5 分；不允许进行任何组间交易，包括产品、原材料交易、生产线、产品研发技术交易，订单转让，资金拆借，外协加工，来料加工等，违规 1 次，扣除 5 分；在规定可以查看其他队伍的经营状况的时间内，每个队伍不允许遮掩或改变自己的盘面以影响其他队伍查看，违规一次，扣除 5 分；每年度末应按时提交报表，到时系统会自动切换到下

一年度，如果报表不平，由裁判强行做平，扣除5分。

必须按照操作顺序进行，不能私自修改顺序，裁判监督，发现违规并不听劝阻者，违规一次，扣除2分；如果发现没有按照经营规则运营，违规一次，扣除2分；原材料、成品等标识必须按规定位置摆放，不能混用，违规一次，扣除2分；投入广告费用不允许超过盘面现金，违规一次扣除2分。

二、经营规则

1. 订单争取前提

市场开发完毕后，第二年年初才能竞争该市场的订单；ISO认证完毕后，第二年年初才能竞争ISO的订单；某产品研发完毕，第二年年初才能竞争该产品的订单。

2. 市场排名规则

① 广告投入原则：某个产品按广告投入排名（适用于第一年、新产品、新进入的市场）。

② 销售第一原则：某个小组某个产品在上一年销售额第一，本年度该产品广告投入≥1M，第一个选订单；其他组再按照广告投入多少排名，选订单。

③ 投入最大原则：同一市场，两个小组在某个产品的广告投入一样，将按照在该市场的总投入排名选订单。

特别说明：当年没有广告投入就没有排名（即使上一年排名第一）；每年年初拿一次订单；年末如果有未按时交货的订单，将影响下一年排名；广告投入越多，拿订单的机会越多。（前提条件：有剩余订单）；投入1M有获取1个订单的可能，投入3M有获取2个订单的可能，投入5M，有获取3个订单的可能。

3. 订单发放规则

由系统生成订单，按照排名，统一发放。

4. 订单交货规则

销售订单：按规定的交货期交货，不能提前交货。

无法按时交货：每延期一季度，罚款订单金额1/5，在最后交货时从货款扣除；同时取消本年度销售额排名第一的资格，若遇跨年，则直接取消订单。

交货后，按订单上的账期放入应收账款对应季度。

5. 贷款规则

贷款总额（长期贷款+短期贷款）≤上年所有者权益×2

短期贷款：利息5%，到期还本+利息，最长4Q。

长期贷款：利息10%，每年度末支付利息，到期还本+利息，最长4Y；

高利贷：盘面最高额度80M，利息20%，到期还本+利息，最长4Q；

长期贷款1千万起贷；短期贷款2千万起贷；高利贷5百万起贷；

贴现：将应收账转为现金时应支付的费用，比例见下表。如拿4Q的6M应收账款贴现，1M放入"贴现"，5M转为现金。

应收账款账期	1Q	2Q	3Q	4Q
贴现率	1:12	1:10	1:8	1:6

注：在比赛过程中，贴现与借高利贷可随时进行。还贷款的过程中，若利息不足1M，则按四舍五入交付利息。

6. 市场开发规则（见下表）

市场	每年投资额	开拓时间/年	全部开拓费用
本地	无	无	无
区域	1M	1	1M
国内	1M	2	2M
亚洲	1M	3	3M
国际	1M	4	4M

企业目前在本地市场经营，新市场包括区域、国内、亚洲、国际市场。不同市场投入的费用及时间不同，只有市场投入全部完成后方可争取订单。

7. 产品研发、ISO开发规则

（1）产品研发（见下表）

产品研发	Beryl	Crystal	Ruby	Sapphire
研发时间	无	4Q	6Q	8Q
每季度投资额	无	1M	2M	2M
总投资额	无	4M	12M	16M

（2）ISO开发（见下表）

质量认证体系	ISO9000	ISO14000
建立时间	1年	2年
每年投资额	1M	1M
总投资额	1M	2M

8. 产品结构（见下表）

产品	原材料
Beryl	M1
Crystal	Beryl + M2
Ruby	M2 + 2 × M3
Sapphire	M2 + 2 × M3 + M4

注：生产Crystal，必须先生产出Beryl，再与M2一起装配。如用半自动线生

产成本：2(Beryl)+1(M2)+1(加工费)=4M；用手工线生产成本:2(Beryl)+1(M2)+2(加工费)=5M

9. 原材料采购规则

采购提前期：M1：1Q，M2：1Q，M3：2Q，M4：2Q

原材料入库的时候计算账期，在途期间不计算账期。一次同时采购入库达到以下量，采用以下应付账期（见下表）。

原材料采购量	应付账期
≤4个	现金
5~8个	1Q
9~12个	2Q
13~16个	3Q
≥17个	4Q

10. 生产线建设规则

① 自行到讲师处领取生产线标识（不需支付现金）。

② 生产线拿回来之后，按照安装周期进行投资建设（如半自动线，将现金按安装周期分期放在半自动线上（1Q：5M，2Q：5M）），其中柔性线投资：1~3期各6M，第4期7M（见下表）。

生产线	购买价格	安装周期	生产周期	改造周期	改造费用	维护费用
手工线	5M	1Q	3Q	无	无	1M/年
半自动	10M	2Q	2Q	1Q	2M	1M/年
全自动	15M	3Q	1Q	2Q	6M	2M/年
柔性线	25M	4Q	1Q	无	无	2M/年

③ 安装完成，将现金放入"设备净值"。

④ 生产线不允许小组间相互买卖。

11. 生产线改造规则

① 有在制品的生产线不允许改造。

② 生产线改造是指产品类型的改变，即将生产某种产品的设备改造成生产另外一种产品的设备（例如，半自动线：原来生产Beryl，改造成生产Crystal）；不能将设备类型更改（例如，手工线改造成全自动线）。

③ 手工线和柔性线可随时改变生产产品的类型，不需要进行设备改造。

④ 半自动线和全自动线要变换产品类型时，需进行一定周期的改造，并支付相应的改造费用。

12. 生产线折旧规则（见下表）

① 新购进的生产线安装完成后，计入资产负债表——设备价值。

② 按 5 年平均计提折旧，设备价值折完后不再计提。
③ 生产线建成第一年不计提折旧。
④ 生产线变卖当年需计提折旧。

生产线	购置费	折旧额（从建成使用后计算）					
		第1年	第2年	第3年	第4年	第5年	第6年
手工线	5M	0	1M	1M	1M	1M	1M
半自动	10M	0	2M	2M	2M	2M	2M
自动线	15M	0	3M	3M	3M	3M	3M
柔性线	25M	0	5M	5M	5M	5M	5M

13. 生产线维护规则
① 生产线只要投产，则需按年度交纳维护费用。
② 生产线变卖当年需按年度交纳维护费用。
③ 生产线当年即使没有生产，也要交纳维护费。

14. 生产线变卖规则
① 生产线上有在制品不允许变卖。
② 生产线变卖时，将生产线标识交还给裁判区，生产线净值放入现金，财务记账方式：资产负债表现金增加，设备价值减少（不需记入损益表－营业外净收益）。
③ 最后一年禁止变卖生产设备。

15. 厂房购买/租用规则（见下表）

厂房	购价	租金	售价（账期）	容量
新华	40M	6M/年	40M（2Q）	4条生产线
上中	30M	4M/年	30M（1Q）	3条生产线
法华	15M	2M/年	15M（现金）	1条生产线

注：① 厂房可以随时出售，但需通过一定的应收账期，才能收到现金。
② 出售后转租，每年交纳租金，不足一年，按季度计算租金。

16. 产品加工费用等规则（见下表）

产品	手工线加工费	半自动加工费	全自动加工费	柔性线加工费
Beryl	1M	1M	1M	1M
Crystal	2M	1M	1M	1M
Ruby	3M	2M	1M	1M
Sapphire	4M	3M	2M	1M

三、特殊规则处理

1. 组之间禁止进行产品及原材料交易
2. 组之间禁止进行生产线买卖
3. 组之间禁止进行订单交易
4. 组之间禁止进行产品研发技术转让
5. 组之间禁止进行资金拆借
6. 财务报表正确的基本判定

资产负债表：总资产＝负债＋所有者权益

上年所有者权益＝本年所有者权益－本年净利润

7. 倒闭的判定

所有者权益≤0

8. 倒闭处理，直接淘汰出局
9. 贷款限制

限额规则：（长贷＋短贷）≤上一年所有者权益×2

10. 订单交货

① 按时交货，不能提前。

② 延期交货：每延期一季度，罚款订单金额1/5，在最后交货时从货款扣除；同时取消本年度销售额排名第一的资格，若遇跨年，则直接取消订单。

③ 记账："销售收入"直接记"拿到的货款"。

11. 报表主要说明

损益表：

① 销售收入：已经交货的订单金额总计。

② 成本：已经交货的产品的成本。

③ 财务净损益：利息＋贴现。

④ 所得税：如果净利润为负数，为0。如果开始盈利，则先弥补前5年的亏损，亏损弥补完之后，按照剩余的利润缴税。

资产负债表：

① 应交税金：取自损益表中计算的所得税，而不是盘面顶部的税金。

② 股东资本：一直不变。

③ 以前年度利润：年初数"净利润"＋年初数"以前年度利润"。

④ 在建工程：设备在年末时，处于建设中，还没有使用。

12. 厂房出售

出售：企业直接卖掉厂房，换回现金。企业每年支付租金，出售当年也需支付租金。

记账：资产负债表中，"土地建筑原价"减少，"现金"或"应收账款"增加。

四、注意事项

1. 年初

① 支付上年税金，需查看是否属实。

② 投入广告费用时，需关注投入广告费是否超过盘面现金。

2. 年中

① 短期贷款需先还款再借款，不可以新贷偿旧贷，并需注意贷款是否超额。

② 原材料采购必须先下订单，再到期采购；到期订单必须及时采购入库。

③ 更新生产需严格按照生产周期进行。

④ 投资新生产线需按安装周期分期建设，不可一次性投入马上进行生产。

⑤ 投入新一批生产需严格按照规则投入加工费。

⑥ 产品研发投资可暂停。

⑦ 交货需严格按照订单交货期进行，并将销售额放入对应的应收账期。

⑧ 在交货前，需查看该组当期是否有未归还的贷款，如果有，说明该组已违规，扣2分。

3. 年末

① 长期贷款需先还款再借款，不可以新贷偿旧贷，并需注意贷款是否超额。

② 只要投入生产的设备，均需按规定支付设备维护费，变卖的设备按年度计提维护费。

③ 所有生产线按5年平均折旧法计提折旧，折完为止。

④ 市场及ISO开拓可暂停。

⑤ 年末若有小组未交货，则需改变订单的拥有者。

⑥ 强行平账的方式：

若资产＞负债，则减少现金；

若资产＜负债，则在损益表的营业外净收益中填负数。

⑦ 年末需检查小组报表：

损益表——销售收入

损益表——销售成本

损益表——营业外净收益

综合费用表——其他（主要检查罚金）

资产负债表——产成品（主要检查成本）

资产负债表——在制品（主要检查成本）

《创业之星》V4.5 数据规则与商业背景

一、企业基本情况

欢迎你，未来的创业之星！你们即将开始经营一家电子玩具产品的公司。

在这个市场环境中,你们将与市场上的其他企业展开激烈的竞争。每家企业在成立之初,都拥有一笔60万元的创业资金,用以展开各自的经营,创业团队成员分别担任这家企业的不同管理角色,包括总经理、财务总监、营销总监、生产总监等岗位,承担相关的管理工作,通过对市场环境与背景资料的分析讨论,完成企业运营过程中的各项决策,包括战略规划、品牌设计、新品研发、营销策略、市场开发、人员招聘、采购计划、生产规划、融资策略、成本控制、财务分析等等。通过团队成员的努力,使公司实现既定的战略目标,并在所有公司中脱颖而出。

二、基本数据规则(见下表)

项 目	当前值	说 明
公司初始现金	600 000.00	正式经营开始之前每家公司获得的注册资金(实收资本)
公司注册设立费用	3 000.00	公司设立开办过程中所发生的所有相关的费用。该笔费用在第一季度初自动扣除
办公室租金	10 000.00	公司租赁办公场地的费用,每季度初自动扣除当季的租金
所得税率	25.00%	企业经营当季如果有利润,按该税率在下季初缴纳所得税
营业税率	5.00%	根据企业营业外收入总额,按该税率缴纳营业税
增值税率	17.00%	按该税率计算企业在采购商品时所支付的增值税款,即进项税,以及企业销售商品所收取的增值税款,即销项税额
城建税率	7.00%	根据企业应缴纳的增值税、营业税,按该税率缴纳城市建设维护税
教育附加税率	3.00%	根据企业应缴纳的增值税、营业税,按该税率缴纳教育附加税
地方教育附加税率	2.00%	根据企业应缴纳的增值税、营业税,按该税率缴纳地方教育附加税
行政管理费	1 000.00 元/人	公司每季度运营的行政管理费用
小组人员工资	10 000.00/组	小组管理团队所有人员的季度工资,不分人数多少
养老保险比率	20.00%	根据工资总额按该比率缴纳养老保险费用
失业保险比率	2.00%	根据工资总额按该比率缴纳失业保险费用
工伤保险比率	0.50%	根据工资总额按该比率缴纳工伤保险费用
生育保险比率	0.60%	根据工资总额按该比率缴纳生育保险费用
医疗保险比率	11.50%	根据工资总额按该比率缴纳医疗保险费用

续表

项　目	当前值	说　明
未签合同罚款	2 000.00/人	在入职后没有和员工签订劳动合同的情况下按该金额缴纳罚款
普通借款利率	5.00%	正常向银行申请借款的利率
普通借款还款周期	3 季度	普通借款还款周期
紧急借款利率	20.00%	公司资金链断裂时，系统会自动给公司申请紧急借款时的利率
紧急借款还款周期	3 季度	紧急借款还款周期
同期最大借款授信额度	200 000.00	同一个周期内，普通借款允许的最大借款金额
一账期应收账款贴现率	3.00%	在一个季度内到期的应收账款贴现率
二账期应收账款贴现率	6.00%	在二个季度内到期的应收账款贴现率
三账期应收账款贴现率	8.00%	在三个季度内到期的应收账款贴现率
四账期应收账款贴现率	10.00%	在四个季度内到期的应收账款贴现率
公司产品上限	6 个	每个公司最多能设计研发的产品类别数量
厂房折旧率	2.00%	每季度按该折旧率对购买的厂房原值计提折旧
设备折旧率	5.00%	每季度按该折旧率对购买的设备原值计提折旧
未交付订单的罚金比率	30.00%	未按订单额及时交付的订单，按该比率对未交付的部分缴纳处罚金，订单违约金＝（该订单最高限价×未交付订单数量）×该比例
产品设计费用	30 000.00	产品设计修改的费用
产品研发每期投入	20 000.00	产品研发每期投入的资金
广告累计影响时间	3 季度	投入广告后能够对订单分配进行影响的时间
紧急贷款扣分	5.00 分/次	出现紧急贷款时最终的综合分值要扣除的分数
每个产品改造加工费	2.00 元	订单交易时，原始订单报价产品与买方接受订单的产品之间功能差异的改造的加工费。单个产品改造费＝买方产品比卖方产品少的原料配制无折扣价之和＋差异数量×产品改造加工费
每期广告最低投入	1 000.00 元	每期广告最低投入，小于该数额将不允许投入
订单报价，最低价比例	60.00%	订单报价，最低价比例。最低价＝上季度同一市场同一渠道同一消费群体所有报价产品平均数×该比例

三、消费群体

公司在这个行业面对品质型客户、经济型客户、实惠型客户等三类消费群体。可以根据自己的实际情况来决定设计与生产针对哪类消费群体的产品。

品质型客户的关注重点与主要需求见下表：

消费群体	品质型客户	
	预算价格	150.00 元/件
	关注重点	（饼图：产品品牌、产品价格、产品口碑、产品销售、产品功能）
	功能需求	他们喜欢商品具有高档的包装、时尚的外观、富有质感、做工细腻；他们要求产品具有舒适的手感、高贵美观的外观，同时要便于洗涤；他们追求高质量生活，希望自己所购买的商品选用的是天然材料

经济型客户的关注重点与主要需求见下表：

消费群体	经济型客户	
	预算价格	120.00 元/件
	关注重点	（饼图：产品品牌、产品价格、产品口碑、产品销售、产品功能）
	功能需求	这类用户追求经济、实用的外观包装，又不希望毫无档次，但过于昂贵精美的外包装又容易让他们感觉太奢华；他们不喜欢过于低端的面料，愿意选用面料讲究的产品，并且还希望是便于洗涤的；他们对填充物的要求并不是想象的那么高，方便易洗即可

实惠型客户的关注重点与主要需求：

消费群体	实惠型客户	
	预算价格	90.00元/件
	关注重点	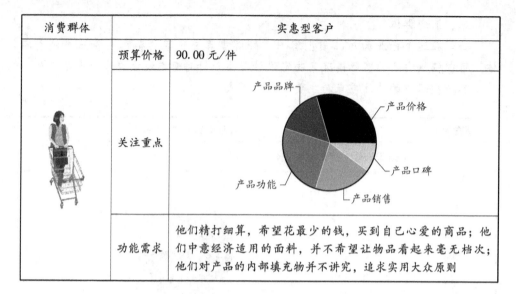
	功能需求	他们精打细算,希望花最少的钱,买到自己心爱的商品;他们中意经济适用的面料,并不希望让物品看起来毫无档次;他们对产品的内部填充物并不讲究,追求实用大众原则

不同消费群体对产品的关注与侧重点是有差异的。消费者主要从产品价格、产品功能、产品品牌、产品口碑和产品销售五个角度来挑选和评价产品,在五项因素中,占的比重越大,消费者对此项因素越关注,此项因素越贴近消费者,将对消费者是否购买产生越大的影响(见下表)。五项因素综合来看越适合消费者需求的产品,将会越赢得消费者的青睐,购买的数量也会越多。

关注因素	说 明
产品价格	产品价格是指公司销售产品时所报价格,与竞争对手相比,价格越低越能获得消费者的认可
产品功能	产品功能主要指每个公司设计新产品时选定的功能配置表(BOM表),与竞争对手相比,产品的功能越符合消费者的功能诉求就越能得到消费者的认可
产品品牌	产品品牌由公司市场部门在产品上所投入的累计宣传广告多少决定,与竞争对手相比,累计投入广告越多,产品品牌知名度就越高,越能获得消费者认可
产品口碑	产品口碑是指该产品的历史销售情况,与竞争对手相比,产品累计销售的数量、产品订单交付完成率越高消费者对产品的认可就越高
产品销售	产品销售是指公司当前销售产品所具备的总销售能力,与竞争对手相比,总销售能力越高,获得消费者认可也越高

市场价格走势:

在不同的市场上,各类消费者采购产品时愿意出的最高价格是不一样的。总体而言,产品价格是呈现下降趋势,以下为各季度产品最高公开售价的预测趋势图。

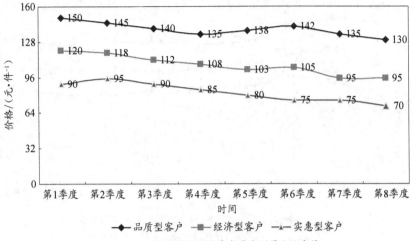

北京零售渠道消费者最高预算价格走势

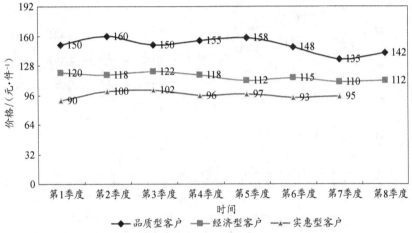

上海零售渠道消费者最高预算价格走势

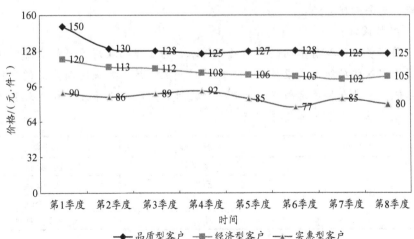

广州零售渠道消费者最高预算价格走势

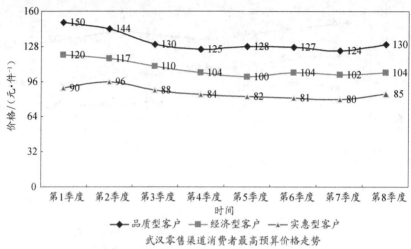

武汉零售渠道消费者最高预算价格走势

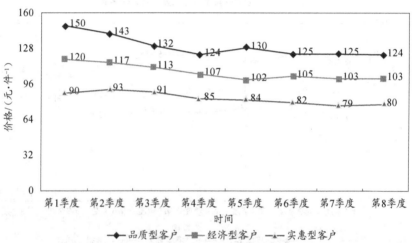

成都零售渠道消费者最高预算价格走势

四、产品研发

1. 品牌设计

不同消费群体具有不同的产品功能诉求,为了产品获得更多的青睐,每个公司需要根据这些功能诉求设计新产品。同时产品设计也将决定新产品的直接原料成本高低,另外也将决定新产品在具体研发过程中的研发难度。构成玩具产品的物料组合清单(BOM)如下表所示。

产品类别	物料名称	物料数量
玩具	包装材料	1,必选
	面料	1,必选
	填充物	1,必选
	辅件	0 或 1,可选

对于已经开始研发或研发完成的产品,其设计是不可更改的,每完成一个新

产品设计需立即支付30 000.00元设计费用,每个公司在经营期间最多可以累计设计6个产品。我们可以在公司的研发部完成新产品的设计。

2. 产品研发

对于完成设计的新产品,产品研发的职责主要是对其开展攻关、开发、测试等各项工作,每个完成设计的产品每期的研发费用是20 000.00元,不同的产品由于设计差异导致产品研发所需的时间周期并不相同,所以所需的总研发费用也将不同。我们可以在公司的研发部完成新产品的研发。

五、生产制造

1. 厂房购置

不同类型厂房的参数见下表:

厂房类型	容纳生产线/条	购买价/(元·条$^{-1}$)	每季租金/元	季折旧率/%
大型厂房	6	100 000	7 000	2
中型厂房	4	80 000	5 000	2
小型厂房	2	60 000	3 000	2

厂房参数说明:

➢ 容纳生产线:每个厂房内最多可以放置的生产设备数量,设备不分类型。

➢ 购买价:厂房可以选择租或买,购买一个厂房时需要立即支付的现金。

➢ 租用价:对于租用的厂房,每季季末将自动支付相应的租金。

➢ 季折旧率:购买的厂房,每季度末按该折旧率计提折旧。

➢ 租用的厂房可以退租,退租前必须先将厂房内的所有设备卖掉,才能退租该厂房。退租当季度不再需要支付厂房租金。

➢ 购买的厂房可以出售,出售前必须先将厂房内的所有设备卖掉,才能出售该厂房。出售当季要计提厂房折旧,出售后立即按该厂房净值返回现金。

2. 设备购置

柔性线生产设备的参数见下表:

设备类型	柔性线	购买价格	120 000	设备产能	2 000
		成品率	90%	混合投料	是
		安装周期	1	生产周期	0
		单件加工费	2	工人上限	4
		维护费用	3 000	升级费用	1 000
		升级周期	1	升级提升	1%
		搬迁周期	1	搬迁费用	3 000

自动线生产设备的参数表:

设备类型	自动线	购买价格	80 000	设备产能	1 500
		成品率	80%	混合投料	否
		安装周期	1	生产周期	0
		单件加工费	3	工人上限	3
		维护费用	2 500	升级费用	1 000
		升级周期	1	升级提升	2%
		搬迁周期	0	搬迁费用	2 000

手工线生产设备的参数见下表：

设备类型	手工线	购买价格	40 000	设备产能	1 000
		成品率	70%	混合投料	否
		安装周期	0	生产周期	0
		单件加工费	4	工人上限	2
		维护费用	2 000	升级费用	1 000
		升级周期	1	升级提升	3%
		搬迁周期	0	搬迁费用	1 000

生产设备参数说明：

➢ 购买价格：生产设备只能购买，购买时需要立即支付的现金；生产设备可以出售，生产设备只有在没有在制品的情况下才允许出售，出售的生产设备将以设备净值在期末回收现金。

➢ 设备产能：生产设备在同一生产周期内最多能投入生产的产品数量。

➢ 成品率：产品在生产过程中会可能会产生一些报废的次品，实际生产的成品由成品率来决定，报废的次品的原料成本将会分摊到成品上。

➢ 混合投料：生产设备在同一生产周期内是否允许同时生产多种产品。

➢ 安装周期：生产设备自购买当期开始到设备安装完成可用所需的时间。

➢ 生产周期：原料投入到生产设备上直到产品下线所需的生产时间。

➢ 单件加工费：加工每一件成品所需投入的辅料等加工费用。

➢ 工人上限：每条生产设备允许配置的最大工人数，设备产能、成品率、线上工人总生产能力三个因素决定了一条生产线的实际产能。

➢ 维护费用：每条生产设备每期所需花费的维护成本，该费用从设备买入的下一期开始在期末自动扣除。

➤ 升级费用：对生产线进行一次设备升级所需花费的费用，该费用在升级时即自动扣除，每条生产线在同一个升级周期内只允许进行一次升级。

➤ 升级周期：完成一次设备升级所需的时间周期。

➤ 升级提升：设备完成一次升级后，设备产能将在原有产能基础上提升的百分比。升级后设备产能 = 升级前设备产能 × (1 + 升级提升率)。

➤ 搬迁周期：设备从一个厂房搬迁到另一个厂房所花费的时间。

➤ 搬迁费用：设备从一个厂房搬迁到另一个厂房所需花费的费用，该费用在搬迁当时即自动扣除。

3. 工人招聘

生产工人的参数见下表：

工人类型	普通生产工人			
	生产能力	450	招聘费用	500
	季度工资	3 000	试用期	1
	培训费用	300	培训提升	3%
	辞退补偿	300		

生产工人参数说明：

➤ 公司可以在交易市场的人才市场内招聘到不同能力层次的生产工人。

➤ 生产能力：工人在一个生产周期内所具有的最大生产能力。

➤ 招聘费用：招聘一个工人所需的招聘费用，该费用在招聘时自动扣除。

➤ 季度工资：支付给工人的工资，每期期末自动支付。

➤ 试用期：招聘后试用的时间，人力资源部需在试用期内与工人签订合同，否则试用期满后工人将自动离职。

➤ 培训费用：每次培训一个工人所需花费的费用，每个工人每个经营周期最多只能做一次培训。培训由生产制造部提出，递交到人力资源部在实施时支付。

➤ 培训提升：工人完成一次培训后，生产能力将在原有能力的基础上提升的百分比。培训后生产能力 = 培训前生产能力 × (1 + 培训提升)

➤ 辞退补偿：试用期内辞退工人无须支付辞退补偿金，试用期满并正式签订合同后需支付辞退补偿金，一般在每期期末实际辞退工人时实时支付。

4. 原料采购

在本市场环境中，消费者需要购买的玩具产品主要由三大类原材料构成，每个大类原料又包括三个小类原料，共九种原料。下表列出了各类原料的主要参数。

原料大类	包装材料			原料名称	玻璃包装		
到货周期	0			到货周期	0		
原料特性	简单，实用，容易起皱，易破损						
价格走势/元	玻璃包装价格走势：1季度 2.0，2季度 1.8，3季度 2.0，4季度 2.1						
价格折扣	采购量/件	0~200	折扣	0%	采购量/件	0~200	折扣	0%
	采购量/件	201~500	折扣	5%	采购量/件	501~1 000	折扣	10%
	采购量/件	1 001~1 500	折扣	15%	采购量/件	1 501~2 000	折扣	20%
	采购量/件	2 001以上	折扣	25%				

原料大类	包装材料			原料名称	纸质包装		
到货周期	0			到货周期	1		
原料特性	经济，美观，略显档次						
价格走势/元	纸制包装价格走势：1季度 4.0，2季度 4.2，3季度 4.5，4季度 4.3						
价格折扣	采购量/件	0~200	折扣	0%	采购量/件	0~200	折扣	0%
	采购量/件	201~500	折扣	5%	采购量/件	501~1 000	折扣	10%
	采购量/件	1 001~1 500	折扣	15%	采购量/件	1 501~2 000	折扣	20%
	采购量/件	2 001以上	折扣	25%				

原料大类	包装材料			原料名称	金属包装		
到货周期	1			到货周期	1		
原料特性	高档，时尚，富有质感，做工细腻						
价格走势/元	金属包装价格走势：1季度 6.0，2季度 6.2，3季度 6.5，4季度 5.6						
价格折扣	采购量/件	0~200	折扣	0%	采购量/件	0~200	折扣	0%
	采购量/件	201~500	折扣	5%	采购量/件	501~1 000	折扣	10%
	采购量/件	1 001~1 500	折扣	15%	采购量/件	1 501~2 000	折扣	20%
	采购量/件	2 001以上	折扣	25%				

续表

原料大类	面料			原料名称	短平绒		
到货周期	0			到货周期	1		
原料特性	手感柔软且弹性好、光泽柔和，表面不易起皱，保暖性好						
价格走势/元	（1季度10，2季度11，3季度11，4季度12 —— 短平绒）						
价格折扣	采购量/件	0~200	折扣	0%	采购量/件	0~200	折扣	0%
	采购量/件	201~500	折扣	5%	采购量/件	501~1 000	折扣	10%
	采购量/件	1 001~1 500	折扣	15%	采购量/件	1 501~2 000	折扣	20%
	采购量/件	2 001 以上	折扣	25%				

原料大类	面料			原料名称	松针绒		
到货周期	0			到货周期	0		
原料特性	经济适用，高雅富贵，立体感强						
价格走势/元	（1季度15，2季度17，3季度16，4季度18 —— 松针绒）						
价格折扣	采购量/件	0~200	折扣	0%	采购量/件	0~200	折扣	0%
	采购量/件	201~500	折扣	5%	采购量/件	501~1 000	折扣	10%
	采购量/件	1 001~1 500	折扣	15%	采购量/件	1 501~2 000	折扣	20%
	采购量/件	2 001 以上	折扣	25%				

原料大类	面料			原料名称	玫瑰绒		
到货周期	0			到货周期	1		
原料特性	手感舒适、美观高贵、便于洗涤，还具有很好的保暖性						
价格走势/元	（1季度20，2季度21，3季度22，4季度21 —— 玫瑰绒）						
价格折扣	采购量/件	0~200	折扣	0%	采购量/件	0~200	折扣	0%
	采购量/件	201~500	折扣	5%	采购量/件	501~1 000	折扣	10%
	采购量/件	1 001~1 500	折扣	15%	采购量/件	1 501~2 000	折扣	20%
	采购量/件	2 001 以上	折扣	25%				

续表

原料大类	填充物			原料名称			PP 棉		
到货周期	0			到货周期			0		
原料特性	人造材料，使用最广泛，经济实用								
价格走势/元	1季度:15, 2季度:16, 3季度:16, 4季度:16 ——PP棉								
价格折扣	采购量/件	0~200	折扣	0%	采购量/件	0~200	折扣	0%
	采购量/件	201~500	折扣	5%	采购量/件	501~1 000	折扣	10%
	采购量/件	1 001~1 500	折扣	15%	采购量/件	1 501~2 000	折扣	20%
	采购量/件	2 001 以上	折扣	25%				

原料大类	填充物			原料名称			珍珠棉		
到货周期	0			到货周期			1		
原料特性	相比PP棉更有弹性、柔软性和均匀性，并且方便洗涤								
价格走势/元	1季度:21, 2季度:23, 3季度:24, 4季度:26 ——珍珠棉								
价格折扣	采购量/件	0~200	折扣	0%	采购量/件	0~200	折扣	0%
	采购量/件	201~500	折扣	5%	采购量/件	501~1 000	折扣	10%
	采购量/件	1 001~1 500	折扣	15%	采购量/件	1 501~2 000	折扣	20%
	采购量/件	2 001 以上	折扣	25%				

原料大类	填充物			原料名称			棉 花		
到货周期	1			到货周期			1		
原料特性	纯天然材质，柔软富有弹性，均匀性，无静电，但不可水洗								
价格走势/元	1季度:25, 2季度:26, 3季度:28, 4季度:29 ——棉花								
价格折扣	采购量/件	0~200	折扣	0%	采购量/件	0~200	折扣	0%
	采购量/件	201~500	折扣	5%	采购量/件	501~1 000	折扣	10%
	采购量/件	1 001~1 500	折扣	15%	采购量/件	1 501~2 000	折扣	20%
	采购量/件	2 001 以上	折扣	25%				

续表

原料大类	辅件			原料名称	发声装置		
到货周期	1			到货周期	1		
原料特性	附加功能，使玩具可以模拟真人发声						
价格走势/元	1季度 3，2季度 3.1，3季度 3，4季度 3.4（发生装置）						
价格折扣	采购量/件	0~200	折扣	0%	采购量/件	0~200	折扣 0%
	采购量/件	201~500	折扣	5%	采购量/件	501~1 000	折扣 10%
	采购量/件	1 001~1 500	折扣	15%	采购量/件	1 501~2 000	折扣 20%
	采购量/件	2 001 以上	折扣	25%			

原料大类	包装材料			原料名称	发声装置		
到货周期	1			到货周期	1		
原料特性	附加功能，可使玩具具有闪光功能						
价格走势/元	1季度 4.8，2季度 4.8，3季度 5，4季度 5.1（发光装置）						
价格折扣	采购量/件	0~200	折扣	0%	采购量/件	0~200	折扣 0%
	采购量/件	201~500	折扣	5%	采购量/件	501~1 000	折扣 10%
	采购量/件	1 001~1 500	折扣	15%	采购量/件	1 501~2 000	折扣 20%
	采购量/件	2 001 以上	折扣	25%			

5. 资质认证

随着市场竞争日趋激烈，消费者对各类产品也提出了更高的要求。在未来的某个时间，将会对所有参与该市场竞争的公司提出认证要求，公司必须通过相应的资质认证后才允许进入该市场销售产品。如果公司还未获取市场要求的认证，则不能在该市场销售产品。以下是公司可能需要获得的认证证书情况。

	认证名称	ISO9001		认证名称	ICTI 认证
	认证周期	2 个季度		认证周期	3 个季度
	每期费用	30 000 元		每期费用	30 000 元
	认证费用	60 000 元		总费用	90 000 元

6. 认证要求

在不同的市场下有不同的订单对资质认证要求各不相同，以下是各市场对资质认证要求的详细情况：

市场	渠道	群体	认证类别	1季	2季	3季	4季	5季	6季
北京	零售	品质型客户	ISO9001				☑	☑	☑
			ICTI						
		经济型客户	ISO9001					☑	☑
			ICTI						
		实惠型客户	ISO9001						☑
			ICTI						
上海	零售	品质型客户	ISO9001				☑	☑	☑
			ICTI						
		经济型客户	ISO9001					☑	☑
			ICTI						
		实惠型客户	ISO9001						☑
			ICTI						
广州	零售	品质型客户	ISO9001				☑	☑	☑
			ICTI						
		经济型客户	ISO9001					☑	☑
			ICTI						
		实惠型客户	ISO9001						☑
			ICTI						

六、市场营销

整个市场环境中包括五个市场：北京、上海、广州、武汉、成都。各个公司可以选择进入任何市场开展销售工作。

1. 渠道开发

整个市场根据地区划分为多个市场区域，每个市场区域下有一个或多个销售渠道可供每个公司开拓，开发销售渠道除了需要花费一定的开发周期外，每期还需一笔开发费用。每个公司可以通过不同的市场区域下已经开发完成的销售渠道，把各自的产品销售到消费者手中（见下表）。

	所属市场	北京
北京	渠道名称	零售渠道
	开发周期/季	0
	每期费用/元	20 000
	开发总费用/元	0
	所属市场	上海
上海	渠道名称	零售渠道
	开发周期/季	1
	每期费用/元	20 000
	开发总费用/元	20 000
	所属市场	广州
广州	渠道名称	零售渠道
	开发周期/季	2
	每期费用/元	20 000
	开发总费用/元	40 000
	所属市场	武汉
武汉	渠道名称	零售渠道
	开发周期/季	2
	每期费用/元	20 000
	开发总费用/元	40 000
	所属市场	成都
成都	渠道名称	零售渠道
	开发周期/季	3
	每期费用/元	20 000
	开发总费用/元	60 000

2. 品牌推广

品牌推广主要指广告宣传，每个产品每期均可以投入一笔广告宣传费用，某一期投入的广告对未来若干季度是有累积效应的，投入当季效应最大，随着时间推移，距离目前季度越久，效应逐渐降低。

3. 销售人员

要在各个市场上开展产品销售工作，公司需要先从人才市场招聘销售人员，并安排到各个市场上，由销售人员来完成产品的销售。销售人员的主要参数如下。

销售人员	普通销售人员	
	销售能力	500
	招聘费用	500.00
	季度工资	3 600.00
	试用期	1
	培训费用	500.00
	培训提升	5.00%
	辞退补偿	300.00

> 销售能力：销售人员在一个经营周期内所具有的最大销售能力；
> 招聘费用：招聘一个销售人员所需的费用，该费用在招聘时自动扣除；
> 季度工资：支付给销售人员的工资，每期期末自动支付；
> 试用期：招聘后试用的时间，人力资源部在员工上岗后应及时与销售人员签订合同；
> 培训费用：每次培训一个销售人员所需花费的费用，每个销售人员每个经营周期最多只能做一次培训。销售人员培训由销售部提出，递交到人力资源部后实施，培训费用在实施时支付；
> 培训提升：销售人员完成一次培训后，销售能力将在原有能力的基础上提升的百分比。培训后销售能力＝培训前销售能力×(1＋培训提升)；
> 辞退补偿：试用期内辞退销售人员无须支付辞退补偿金，试用期满并正式签订合同后需支付辞退补偿金，一般在每期期末实际辞退销售人员时实时支付。

4. 产品报价

每个经营周期，对于已经完成开发的渠道，将有若干来自不同消费群体的市场订单以供每个公司进行报价。每个市场订单均包含以下要素：资质要求、购买量、回款周期、最高承受价，各公司可以以不超出最高承受价的价格参与相应市场的竞争，并确定最多希望获得的订单数量。当订单无法按量满额交付时，需支付订单违约金，订单违约金＝(该订单最高限价×未交付订单数量)×订单违约金比例（30.00%）。

5. 需求预测

不同市场区域下的不同销售渠道消费群体的市场需求量详见系统中的资料。

任务 5-3 了解沙盘模拟的其他赛事

1. 中教畅享全国大学生经营管理沙盘模拟大赛

中教畅享全国大学生经营管理沙盘模拟大赛是中教畅享（北京）科技有限公司发起举办的全国性经济管理沙盘技能大赛（简称"沙盘大赛"）。中教畅享（北京）科技有限公司专注于高等教育实验平台研发、职业技能资格认证和教育资源产品分享传播，以"提升学生专业技能与创新素质，推动就业与教学方式改进"为经营理念，积极投身实践教育行业。公司举办的企业经营管理沙盘大赛、物流沙盘大赛、电子商务沙盘大赛和会计技能大赛在全国范围内产生了重要影响。

"沙盘大赛"赛事日程与"用友杯""金蝶杯"比赛基本上一致。"沙盘大赛"以中教畅享研发的 ITMC 企业经营管理沙盘模拟系统为竞技平台，采用企业经营管理沙盘模拟软件进行市场对抗，基础背景设定为一家初始拥有 1 亿资产的销售良好、资金充裕的虚拟生产型企业。通过直观的企业沙盘，模拟企业实际运行状况，企业经营活动内容涉及整体战略、产品研发、设备投资改造、生产能力规划与排程、物料需求计划、资金需求规划、市场与销售、财务经济指标分析、团队沟通与建设等多个方面。每个团队正式比赛队员 4 名，分别担任总裁（CEO）、财务总监（CFO）、营销总监（CMO）和运营总监（COO）职位。每支参赛队伍代表不同的虚拟公司，进行企业六年模拟决策经营，以企业经营管理沙盘模拟软件计算最终经营得分。

2. 挑战杯大学生创业计划竞赛

"挑战杯"竞赛是由共青团中央、中国科协、教育部和全国学联共同主办的全国性的大学生课外学术实践竞赛。"挑战杯"竞赛受到了党和国家领导的亲切关怀，江泽民同志为"挑战杯"竞赛题写了杯名，李鹏等领导同志以及苏步青、钱三强、卢嘉锡、周光召、朱光亚、费孝通等一批著名科学家、社会学家也为竞赛题了词。由于"挑战杯"竞赛活动展示了我国各高校的育人成果，推动了高校学生与社会间的交流与合作，已成为高校学生课外科技文化活动中的一项主导性活动，越来越受到广大学生的欢迎和各高等院校的重视，在社会上产生了广泛而良好的影响，成为促进高校科技成果向现实生产力转化的有效方式。

到目前为止，"挑战杯"竞赛在中国共有两个并列项目，一个是"挑战杯"中国大学生创业计划竞赛（俗称"小挑战杯"）；另一个则是"挑战杯"全国大学生课外学术科技作品竞赛（俗称"大挑战杯"）。这两个项目的全国竞赛交叉轮流开展，每个项目每两年举办一届。

"挑战杯"全国大学生课外学术科技作品竞赛是在教育部支持下组织开展的大学生课余科技文化活动,是具有导向性、示范性和权威性的全国性的竞赛活动,被誉为中国大学生学术科技"奥林匹克"。此项活动旨在全面展示我国高校育人成果,引导广大在校学生崇尚科学、追求真知、勤奋学习、迎接挑战,培养跨世纪创新人才。这项活动每两年举办一次,自1989年以来已分别在清华大学、浙江大学、上海交通大学、武汉大学、南京理工大学、重庆大学和西安交通大学成功举办了七届,已形成校级、省级、全国的三级赛事,参赛同学首先参加校内及省内的作品选拔赛,优秀者报送全国组委会参赛。

"挑战杯"全国大学生创业计划大赛借助风险投资的运作模式,要求参赛者组成优势互补的竞赛小组,提出一项具有市场前景的技术产品或者服务,并围绕这一产品或者服务,以获得风险投资为目的,完成一份包括企业概述、业务与展望、风险因素、投资回报与退出策略、组织管理、财务预测等方面内容完整、具体、深入的创业计划书,最终通过书面评审和秘密答辩的方式评出获奖者。

【咨讯】

任务5-1、5-2、5-3给出了国内具有显著影响的全国性沙盘模拟经济大赛的部分资料。

【计划】

根据项目5的要求,由公司CEO组织公司成员分头阅读上述材料,研讨交流沙盘大赛的相关知识,确定讨论范围及注意事项。

【决策】

经过小组商议,决定作如下研讨安排(表5-3-1)。

表5-3-1 沙盘模拟大赛参赛研讨安排

讨论议题	沙盘模拟大赛参赛筹划
主持人	
讨论时间	
讨论地点	
讨论流程	
发言要求	
记录员	
决议方式	
决议宣读人	

续表

记录要求	
其他	

【实施】

公司讨论记录见表 5 - 3 - 2。

表 5 - 3 - 2 ＿＿＿＿＿＿公司讨论记录

讨论议题	沙盘模拟大赛参赛筹划
主持人	
讨论时间	
讨论地点	
记录员	
讨论记录	

续表

讨论议题	沙盘模拟大赛参赛筹划
主持人	
讨论时间	
讨论地点	
记录员	
讨论记录	

续表

讨论议题	沙盘模拟大赛参赛筹划
主持人	
讨论时间	
讨论地点	
记录员	
讨论记录	

【检查】

公司讨论决议见表 5-3-3。

表 5-3-3 ＿＿＿＿＿＿公司讨论决议

根据安排，我们公司全体成员分头学习了用友杯、金蝶杯、中教畅享和挑战杯大赛的资料，重点关注了其中的＿＿＿＿＿比赛。经过小组讨论，我们形成了以下意见。

1. 各项大赛的异同点

续表

2. 参赛筹备 　　如果机会允许，我们将考虑参加_____大赛。为参加比赛，我们已经做好了下面的准备：   我们认为，为了参赛，我们还应该积极做好以下方面的准备：   　　　　　　　　　　　　　　　　　　　　　　　　　_____公司 　　　　　　　　　　　　　　　　　　　　　　　　____年___月___日
成员签名：
记录员：
决议宣读人：